La Vida Tiene Valores

La Vida Tiene Valores

CÓMO PREVENIR EL FRACASO EN LA FAMILIA

OFICIAL
Juan Villegas

Villegas Publishing

Derechos © 2009 por Juan Villegas

Declinación de responsabilidades

La experiencia y opinión del autor forman una gran parte de la información presentada en este libro. No es la intención del autor dar ayuda profesional, sino ofrecer un punto de vista obtenido de su experiencia personal. Este material debe ser utilizado junto con otras fuentes de información. Todos los ejemplos y nombres han sido cambiados para proteger la confidencialidad de las personas.

Publicado por:

Villegas Publishing
P.O.Box 1245
Orange, CA 92856-1245
www.Villegaspublishing.com

Derechos reservados del autor Juan Villegas. Este libro no puede ser reproducido ni total ni parcialmente sin permiso escrito del autor.

Editado por Leticia Gálvez, Carlota M. Serna y Rosalina Robles.

Impreso en los Estados Unidos de América.

Diseño de la portada por Kira Fulks.   www.kiraproductions.com

ISBN: 978-0-615-31554-6

Dedicatoria

A mi hija Daniela, la inspiración más grande de mi vida.

A mis padres, Cecilio y Luisa Villegas,
gracias por todo su amor y apoyo.

Un especial agradecimiento a mi padre, a quien considero
el co-autor de este libro. Gracias Papá.

A mi gran amigo Abdi Ahmed, gracias por creer
en mí e inspirarme a alcanzar grandes cosas.

Agradecimientos

Con gran alegría y satisfacción reconozco y agradezco a mis compañeros y colaboradores en la presentación de este libro. Agradezco a cada una de las personas que a través de los años me han apoyado en mi caminar para cumplir este libro.

Mis compañeros: Jerry Suclla, Frank González, Cynthia Contreras, Cora Villegas, Martha Veliz, Robert Díaz, Juan Ramón Camuy, Maria Fierro, Eduardo Romero, José Navarro, Ismael Navarro, Ken Pérez, Daniel Hernández, Andy Parker, Raymond González, Eric McCauley, Armando López, Enrico De Ramos, Henry Leber, Javier Orozco, Steve Kim, Maggie Floriano, Mark Jackson, T. Christopher Bell, Charles Sandlin, Eddie Núñez y Doug Ross.

La oficial y autora Amber White, que me permitió utilizar un poco de su materia de su libro *"How to Raise a Juvenile Delinquent"*.

Un agradecimiento muy especial a mi editora Leticia Gálvez, que con su paciencia y apoyo me ha ayudado en el proceso de escribir este libro. Nuestro compromiso siempre ha sido dar la mejor información posible. Gracias Leti.

Introducción
POR QUÉ SE ESCRIBIÓ ESTE LIBRO . . . 1

Capítulo Uno
EL MUNDO CONTRA LOS VALORES FAMILIARES . . . 7

Capítulo Dos
EL LÍDER EN TI . . . 25

Capítulo Tres
AMORES QUE MATAN . . . 53

Capítulo Cuatro
EL MUNDO DE SECRETOS . . . 83

Capítulo Cinco
SE NECESITAN DOS . . . 105

La Vida Tiene Valores

Introducción

¿Por qué se escribió este libro?

Aunque tratemos de ser buenos padres, a veces nos falta algo más para poder dar una buena crianza a nuestros hijos. Hoy en día, las drogas y las pandillas son muy comunes en nuestras comunidades. Como padres de familia no quisiéramos que estos problemas existieran. Sin embargo, la realidad es que sí existen y pueden ser parte de la vida de nuestros hijos cuando menos lo esperamos. Por esta razón es importante tener más conocimiento del mundo que nos rodea para poder enfrentar y corregir estos problemas.

En mi carrera como oficial de policía y como instructor del programa "Shortstop", el cual es un programa de prevención de delincuencia juvenil, he visto demasiados casos en los cuales los jóvenes tomaron el camino equivocado en sus vidas. Es muy posible que estos jóvenes hubieran cambiado la dirección de sus vidas si los padres hubieran tenido más información necesaria para ayudarles a prevenir estas tristes y difíciles situaciones.

La verdad es que la mayoría de nosotros queremos guiar a nuestros hijos de la mejor manera posible. Sin embargo, muchos de nosotros necesitamos algo más; necesitamos un poco más de motivación, dirección y educación para poder a combatir las dificultades que enfrentamos en la vida.

Como oficial de policía, yo veo muchas de las realidades de la vida. Veo cosas buenas y cosas malas. Pero sobre todo, veo y trato con los problemas de la gente. En general, la gente no nos llama para contarnos las cosas agradables que le pasan; nos llaman cuando se encuentra en problemas. Esto es parte de mi profesión—poner en orden los problemas de la comunidad.

A lo largo de mi carrera he visto a tantas madres de familia que tienen que tomar dos y hasta tres autobuses para llegar a la cárcel a visitar a un hijo preso. No les importa la distancia que haya que recorrer para poder ver a sus hijos, inclusive muchas veces lo hacen "cargando" a varios niños pequeños. ¡No hay ninguna duda, de que el amor de los padres para un hijo no se puede comparar con nada!

Este libro lo escribí para tratar de darles un entendimiento sobre cosas que nosotros como padres de familias deberíamos saber para proteger a nuestros hijos. Para poder lograr este objetivo, es necesario que empecemos por conocernos a nosotros mismos.

Hay que tener la mente y el corazón abiertos para leer este libro. Hay que tener ganas de convertirnos en padres de familia eficaces y tener el deseo de aprender más para poder guiar a nuestros hijos de una forma aún más efectiva. Si aún no somos padres firmes (con cariño) y efectivos, nunca es tarde para empezar. Este proceso lo podemos empezar hoy mismo.

He escuchado muchos padres de familia decir:

- Mi hijo no me respeta.
- Mi hijo no quiere ir a la escuela.
- Me acabo de dar cuenta de que mi hijo está usando drogas y el dolor me está matando.
- Mi hijo/a se sale a las diez de la noche y no sé a donde va. No lo/a puedo controlar.
- Mi hijo me dice que es su cuerpo y que puede ponerse tatuajes si así lo quiere.

Estos tipos de problemas son parte de lo que muchos padres enfrentan todos los días. Algunos padres se dan por vencidos y dicen, "ésta es mi cruz y me tengo que aguantar." Pero no se trata de ser mártires ni de tratar de cargar una cruz. Se trata de luchar para seguir y sacar adelante a nuestros hijos. Se trata de enseñar a nuestros hijos a sobresalir a pesar de las tentaciones, los problemas y obstáculos que se encuentren en el camino de la vida. Muchos padres se rinden muy pronto y dejan que los hijos hagan lo que quieran, tal y como si no tuvieran padres. ¡No se den por vencidos, hay que luchar—hay que rescatar y cuidar lo que es suyo! ¿Pero de qué manera lo va a hacer?

Este libro no habla de los errores que cometemos de vez en cuando, sino de lo que hacemos o dejamos de hacer TODO el tiempo. Es cierto, nadie es perfecto; cualquier persona puede cometer errores. Lo que debemos de hacer es reflexionar sobre nuestra manera de vivir y de pensar, y de cómo esto afecta a nuestra familia. Recordemos que nuestra vida actual es el *resultado* de nuestra forma de vivir y pensar.

Este libro no es para leerlo una sola vez, si no para usarlo como referencia y guía. Muchas veces nos platican algo y al poco tiempo se nos olvida por completo. Cuando se tiene algo por escrito, se puede repasar cuantas veces sea necesario o cuando se desee hacerlo. Nosotros tenemos la vida de nuestros hijos en nuestras manos. Aunque nuestros hijos no lo dicen, en el fondo de ellos hay un joven que sí nos necesita mucho. Para ayudar a los hijos, tenemos que tratar de entender un poco más el mundo de ellos y tener muy claro lo que deseamos para ellos. Como padres debemos de ser firmes y no darnos por vencidos nunca.

Nuestra meta es *vivir y enseñar a vivir*. Espero que estas palabras sean de mucho beneficio para usted y su familia.

El que no siembra, no cosecha.

Capítulo Uno

El Mundo Contra Los Valores Familiares

La Mentira No Puede Contra La Verdad

Este país es un país de inmigrantes. Como ustedes saben, aquí hay gente de todo el mundo. Muchos vienen buscando trabajo y nuevas oportunidades para una vida mejor. Vienen con grandes ideales en busca del sueño americano.

Todos los latinoamericanos sabemos lo mucho que cuesta venir a este país—no solamente por dinero, sino por los sacrificios que se hacen para llegar aquí, sacrificios como dejar su tierra y sus familiares.

Desafortunadamente al llegar, se encuentran con un mundo diferente al que creían: un mundo no sólo con un idioma diferente, sino con leyes e ideas completamente distintas. He visto a mucha gente llegar con grandes esperanzas y terminar viviendo una vida de miseria y dolor; no sólo económicamente, sino en su vida familiar. ¿Por qué pasa esto? Desafortunadamente se encontraron con una batalla que no esperaban. Una batalla de un mundo de influencias externas que destruye los valores familiares.

Como oficial de policía observo esto a diario. A veces mi trabajo me lleva a enfrentarme con gente que se encuentra en los momentos más bajos de su vida. He visto el sufrimiento de un padre cuando un hijo se involucra en situaciones problemáticas. Tantos de estos casos he visto y me pregunto, ¿Cómo fue que esta gente no pudo evitar estas situaciones en las que ahora se encuentra? ¿Por qué hay gente que puede evitar ciertos problemas y otra que no? ¿Qué es lo que no entienden?

Existe la posibilidad que sus padres no les dieron las herramientas necesarias tales como los valores morales y familiares. Estos valores son indispensables para tomar buenas decisiones. Los valores son aquellos que guían a la gente a una buena forma de vivir y de comportarse.

Es posible que algunos padres no tengan la capacidad de ver lo que está sucediendo en la vida de sus hijos, ya sea por falta de comunicación o por falta de entendimiento. Sin embargo, muchos padres sí saben lo que pasa en la vida de sus hijos, pero optan por ignorarlo o no darle la importancia necesaria, ya sea por inercia o por flojera. ¿Flojera? ¡Sí! la flojera de enfrentar los problemas y de tomarse el tiempo necesario para ayudar y guiar a sus hijos. Hay padres que sólo se enfocan en sus propios problemas y no en los de su familia.

Hay que considerar el efecto que tiene en nosotros y en nuestras familias el ambiente que nos rodea. ¿Cómo es que la gente llega a caer en problemas como adicciones a las drogas, el alcohol, la prostitución, la irresponsabilidad, la apatía y la pereza? ¿Cómo es que hay gente que pierde el sentido de la dignidad y el respeto a sí misma? Algunos arrastran estos problemas por la mala crianza que tuvieron. Otros, desgraciadamente, han sido víctimas de malas experiencias por haber sufrido algún tipo de abuso, trauma o abandono durante su vida.

Muchos jóvenes caen en vicios por creer en las ideas de sus amigos, o más bien, los que ellos piensan que son sus amigos. La idea que sigue, "Haz lo que desees, es tu vida y a nadie le importa", les hace creer que hacer lo que se les antoje no afectará su vida. Si nada importa, entonces ¿qué es lo que sí importa?

Si una persona comienza una relación con alguien que se rodea de gente que anda en malos pasos, ésta será afectada por lo que hace esa gente. Será arrastrada por los problemas de la gente con la cual se ven involucrados.

Estoy seguro que han conocido a alguien que ustedes consideran una buena persona; pero por desdicha, esta persona se relaciona con gente que anda en malos pasos. Cuando alguien menciona el asunto y comenta, "Oye, cuidado con esos amigos. No te juntes con ellos porque usan drogas y se ponen medios locos". Su respuesta probablemente sería, "Ellos son buena onda. Es que tu no los conoces". Tal vez los defiende porque de cierta forma los admira y quiere hacer lo mismo que ellos. Quiere seguir sus pasos, aunque sabe que no está bien. ¿Por qué hace esto? Es que a veces queremos andar como dice el dicho:

¿A DÓNDE VA VICENTE? . . . A DÓNDE VA LA GENTE.

Lo Que Ofrece El Mundo No Llena El Corazón

En muchas ocasiones hacemos todas las locuras que queremos, pensando que eso nos traerá felicidad—que eso nos hará más populares. A veces pensamos que la felicidad consiste en satisfacer TODAS nuestras fantasías e ideas. Pero lo que el mundo ofrece no llena el corazón.

Todos los seres humanos estamos en búsqueda de algo que nos haga sentir bien. A todos nos gustaría ser más felices, ¿Verdad? Desafortunadamente existe mucha gente que busca la felicidad en cosas materiales o en otras personas en lugar de buscarlas en sí mismo. Esa gente depende de otros o de cosas materiales para obtener la felicidad. ¿Por qué ocurre ésto? Porque aún no sabe como encontrar la verdadera felicidad.

Entiendo que muchas veces es difícil comprender que la felicidad se encuentra en uno mismo. Yo también luché contra esta idea, pero sí es cierto. Mucha gente entiende este asunto al revés, piensa que la felicidad viene de afuera. Todos conocemos a alguna persona que tiene muchas cosas materiales, pero que no ha aprendido a ser feliz ya que interiormente es muy desdichada.

Recuerdo a una muchacha que conocí hace tiempo. Ella me decía. "Yo no salgo con hombres que ganen menos de cien mil dólares al año". Lo primero que pensé fue que yo, no calificaba! Luego pensé, "Qué equivocada se encuentra esta mujer que le pone un precio al novio. Para ella es más importante el dinero que la calidad humana. Piensa que si una persona gana más, vale más. ¿Por qué no pide que gane un millón de dólares en lugar de cien mil dólares? Quizás ella misma piensa que solamente vale cien mil dólares y no el millón. Tal vez piensa que si sale con un tipo así ella tendrá garantizado un matrimonio seguro y feliz. ¿Será cierto eso? ¡Claro que no! El dinero sí es muy necesario, pero no garantiza la felicidad.

El dinero es un medio, no es el fin.

La Conciencia Se Forma Y Se Deforma

Es cierto, la conciencia se forma y se deforma. Nuestra mente es muy fuerte. Por ejemplo, si nuestra conciencia nos dice que algo es cierto, nuestra mente nos hace creerlo, haciendo que tal creencia forme parte de una realidad. Hay que tener cuidado con las cosas que nuestra mente nos hace creer que son reales. ¿Han visto el comercial que dice: "Lo que sucede en Las Vegas, se queda en Las Vegas?" En otras palabras, el comercial te invita a hacer lo que quieras, garantizándote que nadie se dará cuenta de lo que hagas. Pero el comercial no garantiza que el hombre o mujer que participe en actividades malas en Las Vegas regresará a su casa con su conciencia tranquila. El comercial tampoco nos informa que es posible arrastrar a la familia a los problemas que resulten como consecuencia de los errores que se cometen en Las Vegas. Por lo tanto, lo que sucede en Las Vegas, _no_ necesariamente se queda en Las Vegas.

Se han preguntado alguna vez, ¿Por qué creemos lo que leemos en el periódico o vemos en la televisión, pero cuestionamos los que nos dicen nuestros padres? ¿Por qué creemos en lo que leemos en las revistas, pero dudamos en lo que nos dice la Biblia?

El mundo nos ha acostumbrado a resistir y a dudar cuando alguien nos habla de hacer lo correcto. Sin embargo, nota cuando nos reímos y presumimos de las cosas malas que hacemos. Hablamos como si eso nos hiciera personas más atractivas o importantes. Pero en cambio, si nos portamos bien, nuestros amigos se burlan de nosotros y en muchas ocasiones hasta nos llaman mandilones. Yo, tratando de ser honesto, también he sido culpable de esas cosas. Si nos acostumbramos a pensar así, nuestra conciencia se deformará y será difícil regresar al modo correcto de pensar y de vivir. Es cierto que nadie es perfecto, pero hay qué luchar para vivir mejor.

NADA NOS AFECTA MÁS QUE NUESTROS PROPIOS PENSAMIENTOS.

La Rienda Suelta

El mundo dice, ¡Hay que darle rienda suelta a la vida! ¡Solamente se vive una vez! ¡A lo que se te ponga en frente, hay que llegarle! Cuando se trata de estas cosas hay límites, y todos los tenemos. Pregunta ¿Cuál es tu límite? ¿Cuándo pierdes el respeto de tu familia, cuando embarazas a una mujer que no es la tuya o te embarazas de otro que no es tu marido?

Muchos no tienen conciencia de lo que hacen hasta que no les queda más que ver la realidad y enfrentar las consecuencias de sus actos. ¿Han visto esos tatuajes que algunas personas tienen de doble cara? En un lado la cara se ríe y en el otro la cara llora. Esa es la mentalidad de mucha gente en el mundo actual. Haz lo que quieras ahora y después lo *pagaras*.

Seguiremos equivocados si no tomamos responsabilidad por nuestras acciones y si no reflexionamos sobre nuestra forma de vivir. Me acuerdo de una persona que estaba detenido en la cárcel y decía: *"¡Mira este castigo que me mandó Dios!"* Esta persona no sabía lo que estaba diciendo. Dios no le mandó un castigo. El caer en la cárcel fue consecuencia de sus decisiones y acciones. Por eso estaba ahí y no por un castigo de Dios. Sin embargo, esta persona culpaba a Dios. El encarcelado era incapaz de ver sus errores. Este tipo de personas siempre tienen excusas para todo y no quieren aceptar la responsabilidad des sus actos. En muchos casos los padres tienen la culpa de esto. ¿Por qué? Por solapar a sus hijos en TODO, sin responsabilizarlos en nada. Existen padres que hasta llegan a mentirle a las autoridades por proteger a sus hijos. No pueden aceptar los errores que cometen sus hijos que andan por mal camino y por ello excusan su comportamiento.

¿Cuál es la consecuencia de sobreproteger a los hijos de esta forma?

Cuando los hijos crecen, ellos no pueden ver sus propios errores y mucho menos aceptarlos. Lo que generalmente pasa es que los hijos culpan a los padres por todo lo ocurrido. Los hijos se acostumbran a nunca tener la culpa de nada. Así pasan la vida haciendo lo que quieren sin asumir la responsabilidad ni medir la consecuencia de sus actos. Muchos llegan a viejos y siguen con la misma mentalidad—¡*El mundo me debe a mí!*

El Mundo De Hollywood

Nuestra mente muchas veces está formada y manipulada por tanta propaganda que nos presentan los medios de comunicación. Muchos de nosotros hemos aprendido a diferenciar entre las fantasías y las realidades que nos transmiten, pero para otras personas no es así. Es difícil porque estas ideas las adquirimos durante una temprana edad en la vida ¿Dónde fue que aprendimos esto? Las aprendimos de la televisión, en la radio, con los amigos y también en nuestras propias familias. Muchos viven confundidos porque quieren seguir las ideas que nos transmiten otros. La gente trata de imitar el estilo de vida que nos enseña la televisión, la radio, o el Internet.

Hay gente que ve las telenovelas y piensan que su vida tiene que ser igual. Muchas personas se enojan con sus parejas cuando ven que su vida no es así. Piensan que tienen que tener un marido guapo, con dinero y poder. ¿Es eso lo que necesita un matrimonio para ser feliz? ¡Quizás muchas personas dirían que SÍ! La gente que piensa así, siempre está comparando la realidad que tiene a su lado con la fantasía que ve en la televisión.

¿Qué aprenden los jóvenes de sus amigos, la televisión y el Internet? Nos dicen cosas como: *"¡Es mi cuerpo, yo me puedo tatuar si yo quiero!"* *"¡Ya tengo 18 años y me puedo poner aretes donde yo quiera!"* Los jóvenes quieren tener el control total de sí mismos. Cuando se les permite hacer esto, al final tan sólo quedan con los malos recuerdos de los agujeros y tatuajes que se han hecho a través de los años. Cuando se dan cuenta que se equivocaron piden ayuda para quitarse los tatuajes. Me he encontrado a tantos jóvenes pidiendo ayuda debido a que no pueden encontrar un buen empleo por la mala apariencia por los tatuajes que se ponen en su cuerpo. Muchos tienen este problema por seguirles la corriente a sus amigos, y por querer estar a la moda.

De la misma forma hay padres que siguen la corriente de lo que está de moda. Lo malo del asunto es que estas personas están criando a sus hijos, y con la educación que les están brindando sólo proyectan malos ejemplos. Estos padres después se quejan de no entender por qué sus hijos andan mal, o por qué son tan materialistas y nunca se sienten satisfechos con lo que tienen. Estos jóvenes no saben agradecer lo qué tienen. Como los padres les han dado todo tan fácilmente, no saben cómo valorar lo que tienen porque nadie les ha enseñado cómo hacerlo.

Como padres, debemos de estar alertas siempre. Debemos darnos cuenta cuando nuestros hijos se vuelven rebeldes por las cosas que ven con sus amigos, en la televisión o en la Internet y quieren imitarlas. Hay que saber si lo que queremos par ellos es lo correcto. Hay qué estar conscientes y abrir nuestra mente para aprender y definir qué es lo que buscamos. Para saberlo es necesario reflexionar y pensar bien lo que queremos en nuestra vida

Son muy pocas las personas que realmente están conscientes de su vida.

El Mundo Te Compara

En la corte he escuchado a padres comparar a su familia con otras. ¿Se imagina cómo se siente un joven cuando escucha que sus padres lo comparan con otra persona? A nadie le gusta. ¡Por favor, no lo hagan! Hay gente que dice "Esa familia es tan buena, y le dicen a los hijos, ¿Por qué no se comportan como ellos? Ellos no se andan peleando como ustedes". Existe la apariencia de que esa familia vive bien, pero debo decirles que—no todo lo que brilla es oro.

Como oficial de la policía he visto muchas familias que parecen perfectas, pero no lo son. Tienen problemas de todo tipo. Muchas veces nos quejamos, pensando que la vida de otros es perfecta y la nuestra no lo es. En realidad no sabemos la verdadera situación de los otros. Todas las familias atravesamos por dificultades en el transcurso de nuestras vidas. Existen dificultades más grandes que otras. Así que no debemos sentirnos mal. Quizás esa familia que creemos perfecta, con la que nos comparamos, está en peor situación que la nuestra.

"Para conocer a Inés, vive con ella un mes."

Uno nunca sabe qué está pasando en la casa de otros. Es probable que los papás estén en proceso de divorcio, con hijos consumiendo drogas, o que son flojos y rebeldes.

Existen tantas cosas. Simplemente debemos preocuparnos por nuestra familia. Debemos ser responsables, al igual que ser justos con ella. No hay que preocuparse por ser Súper Papá o Súper Mamá, sino por cumplir con nuestras responsabilidades. Preocupémonos por tener nuestra conciencia tranquila al saber que estamos haciendo las cosas bien.

Estaremos haciendo las cosas bien cuando nos enfoquemos más en lo que SÍ queremos para nuestra familia en vez de pensar en lo que NO queremos para ella.

El Mundo No Perdona

Existen parejas y familias que viven siempre peleando por cosas que dicen que perdonaron pero siempre se echan en cara. Viven el presente pensando en los errores del pasado. Por esta causa la familia no puede crecer ni seguir adelante. Ya sea por orgullo o capricho—no saben pedir perdón ni tampoco saben perdonar.

¿Como van a recibir lo bueno si tienen las manos llenas de rencor?

Todos tenemos algo por lo que debemos pedir perdón. Cuando perdonamos, Cómo lo hacemos? ¿De los dientes hacia afuera? Me refiero al, "yo te perdono pero no se me va a olvidar". ¿Es eso perdonar? Hay gente que piensa que el perdón es así, que pueden olvidarse cuando les conviene y cuando no, pueden echar en cara lo que supuestamente habían perdonado.

Imaginémonos cómo una familia podría vivir mucho más feliz y en armonía si supiéramos verdaderamente perdonar de todo corazón. Cuando perdonamos borramos los errores y podemos seguir con nuestra vida. Nuestra familia puede seguir adelante sin estar encadenada al pasado. Es importante y saludable para todos, porque el perdón renueva todo. Francamente hablando, es imposible olvidar totalmente, pero lo que sí podemos hacer es continuar perdonando.

El que ama de verdad, perdona de verdad.

Cuidar a nuestros hijos es nuestra responsabilidad como padres de familia. Hay que saber cómo corregir. Para esto tenemos que conocernos profundamente a nosotros mismos. Necesitamos saber a fondo quiénes somos, cómo pensamos y cómo vivimos.

Podemos ayudar a nuestros hijos cimentando los valores desde una edad muy temprana—los valores que nos hacen personas de provecho y de buen carácter moral. Los hijos necesitan desarrollar el sentido de la ética moral, en otras palabras, saber la diferencia entre el bien y el mal. Por eso es importante conocer a fondo nuestras creencias y pensamientos. Cada quien aconseja y transmite lo que cree porque cada uno de nosotros aconsejamos y transmitimos lo que hemos vivido.

La familia perfecta no existe. ¿Saben dónde está la familia ideal? Se encuentra en la lucha por mejorar, renovándose diariamente y perdonando los errores. Si hacemos esto, estaremos en el camino correcto.

Haz lo que puedes y reza por lo que todavía no has podido hacer. —San Agustín

Capítulo Dos

El Líder En Ti

Conviértete En Una Persona Que Los Demás Quieran Seguir

Criar hijos buenos es algo que todos queremos hacer. Deseamos que ellos sean educados, respetuosos y responsables. Nuestra meta como padres de familia es que nuestros hijos crezcan y sean personas de provecho. Queremos que sean personas independientes— *¡No dependientes!* Es preciso que nuestros hijos evolucionen hasta llegar a un momento en el cual no tengan que depender de otros para tomar sus propias decisiones y pensar por sí mismos.

Nuestros antepasados tal vez no fueron a ninguna escuela que les enseñaram como criar a los hijos. Sin embargo, existe una escuela a donde sí asistieron, tal vez sin darse cuenta—*La escuela de la vida,* una escuela que me atrevo a decir es más importante que la educación de una universidad.

Nuestros padres, *los grandes maestros*, nos enseñaron muchos principios morales entre otras cosas. Nos enseñaron cosas como: ser responsables, respetuosos, honestos, cómo compartir, perdonar y amar. Estas cosas tan importantes de la vida *no se* aprenden en ninguna escuela. Nuestros padres fueron, y en ciertas ocasiones siguen siendo, nuestros maestros. Ellos nos siguen dando consejos cuando es necesario y serán nuestros consejeros por el resto de sus días.

Mis padres siguieron el ejemplo de mis abuelos para criar a sus hijos. Me imagino que ustedes también crían a sus hijos de la misma manera que fueron criados. Así somos los seres humanos, imitamos lo que vemos y muchas veces lo que vivimos. Por lo tanto ahora ustedes son los maestros de sus hijos. A ustedes les toca enseñarles cómo vivir. Es muy importante que tratemos de hacer lo mejor posible para darles la educación correcta. Nuestros hijos dependen de nosotros para brindarles los mejores ejemplos y consejos posibles.

Lo que les enseñes a tus hijos, será lo que tus hijos le enseñarán a tus nietos.

Lo que uno enseña a sus hijos se trasladará a lo que ellos le enseñarán a sus hijos. Es cierto, porque la manera de vivir, las tradiciones y hasta la forma de corregir se pasan de una generación a otra. Ustedes lo pueden ver en sus propios hogares. ¿Cómo? Observando cómo los abuelos corrigen a los nietos. Es evidente que las enseñanzas y valores se pasan de una generación a otra.

A cuántos padres de familia les gustaría escuchar que sus hijos dijeran cosas como:

- Cuando yo sea grande, yo quiero ser como mi papá/mamá.
- Mi padre es el hombre más honesto que conozco. Él es un hombre muy honrado y justo.
- Mi madre es una persona muy entregada a nuestra familia; cómo la quiero.

Estos hijos hablan como si sus padres fueran superestrellas, pues para ellos así lo son. Es fácil ver cuánto valoran a sus padres. Tristemente, es muy raro escuchar decir esto hoy en día. Los valores de los jóvenes están enfocados en otras cosas. Por ejemplo, si preguntaran a la mayoría de los jóvenes de hoy sobre sus metas cuando lleguen a ser adultos, muchos dirían cosas como:

- Yo quiero ser una estrella de Hip Hop.
- Yo quiero ser una estrella de televisión.
- Yo quiero tener mucho dinero.
- Yo quiero ser famoso.

Me imagino que existen muchos jóvenes talentosos que pueden llegar a la cima del éxito en el mundo artístico. Es cierto que debemos tratar de llegar hasta lo más alto que se pueda en nuestra vida y así lograr ser triunfadores. En ningún momento estoy diciendo que el dinero no es necesario, porque sí lo es. Sin embargo, existe algo mucho más importante que el dinero y la fama: el éxito personal. El éxito no está en ningún lugar. El éxito es una manera de vivir y de pensar. ¡No importa lo que tienes, sino lo que eres! Esto es algo que nada ni nadie te puede quitar. Una persona exitosa tiene sus ideas claras y bien formadas. Esta persona tiene el control de su vida. Sabe cuando decir "sí" y cuando decir "no". Cuando se equivoca puede admitirlo y seguir adelante. Esa es una persona de buenos principios morales. Nosotros como padres necesitamos tratar de llegar a ese mismo nivel y proyectarlo a nuestros hijos. El ejemplo de vida es más poderoso que cualquier cosa que les podamos decir a nuestros hijos. Es la mejor manera de moldearlos para que se conviertan en personas exitosas.

La Importancia Del Líder

Hay muchos padres que dicen que *NO* tienen tiempo para sus familias. Siempre tienen mucho trabajo, llegan cansados, tienen problemas personales, etc. ¿Y cómo es eso? ¿No tener tiempo para la familia? Cómo es que no existe tiempo para cuidar lo más importante que tenemos. Es importante estar conscientes de que si no hay un líder en la casa, los hijos lo buscarán en otro lado.

Por tradición, el padre es el líder de la familia. Él es el protector y el que saca a la familia adelante. Él es el que todos llaman cuando hay una emergencia. Él tiene un papel que nadie puede tomar. Con su sola presencia las cosas cambian en el hogar. Un hijo quiere ver a su padre actuar. ¡Un hijo quiere ver su padre dirigir! Para un hijo su padre es el mejor líder que existe.

La mamá es el corazón y la base de la familia. Como dije anteriormente, no hay otro amor más grande que el de una madre. Si una mujer se encuentra sola o sin marido, sin duda será la protectora y líder de la familia. Lo hemos visto en muchas familias donde la mamá lo hace todo. Sin embargo, a los hijos siempre les hace falta un padre o alguna figura paterna. (Hablaremos más sobre los retos que enfrentan los padres solteros en el capítulo, "Se Necesitan Dos").

¿Qué pasa cuando uno, o ninguno de los padres toman su lugar como líder de su familia? Hay padres que se enfocan en otras cosas en lugar de tomarse el tiempo para criar a sus hijos. ¿Y si no hay tiempo para nuestros hijos, qué pasa? ¿A dónde irán para aprender la importancia del éxito personal del cual estamos hablando? Una de las consecuencias de no brindarles el tiempo adecuado a nuestros hijos es que se pierdan siguiendo falsas ilusiones. Por eso hay tantos pandilleros en nuestras comunidades y tantas personas en la cárcel. Ellos son víctimas de sus propios hogares. Existen personas en la cárcel que no entienden bien por qué están allí. Sus ideas del éxito son muy equivocadas. Por lo tanto, si no se encuentran en la cárcel, andan perdidos en las calles en busca de quien les preste el tiempo y la atención que desean. Buscan en otro lado lo que no encuentran en casa: quien los escuche, los guíe y los acepte.

Cuando los hijos llegan a un punto en el cual sienten que no son parte de la familia, llega la confusión. No le encuentran sentido a la vida familiar. Los jóvenes no tienen experiencia de la vida y se guían por sus emociones y a veces cometen los peores errores al no calcular las consecuencias de sus actos. Por eso es importante que los padres estén ahí, para aconsejarlos y guiarlos por el buen camino.

En las pandillas es fácil ser aceptado. Los pandilleros aceptan a cualquier persona, buena o mala. Con ellos no es necesario buscar el éxito personal. No hay normas. No se requiere ni se exige el buen comportamiento. Al contrario, ellos quieren que se cometan atrocidades, y como ellos le llaman, "Echar relajo". Su meta es hacer el mal. Si un pandillero golpea o roba a alguien ¿que hacen sus compañeros? Alaban ese acontecimiento y dicen "Órale, que bien, tú sí eres hombre". "Tú eres fregón". El joven pandillero recibe reconocimiento y aprecio por su maldad. Este joven recibe lo que buscaba y de lo que carecía en casa: reconocimiento, tiempo y atención. Por lo tanto, seguirá haciendo el mal para recibir aprecio.

Si usted sospecha que su hijo se encuentra en una situación difícil, hay que actuar rápido. ¡HOY! ¡Tal vez mañana sea demasiado tarde!

**AUNQUE LOS HIJOS DIGAN QUE NO,
DENTRO DE ELLOS
SI QUIEREN VER AL LÍDER DIRIGIR.**

El Resultado

Cuando no hay un líder para guiar a la familia todo es muy confuso. La familia se comienza a deshacer porque no existe una estructura. Los hijos se frustran porque no saben cómo arreglar los problemas que enfrenta la familia. Reconocen que a la familia le hace falta algo, pero no saben qué.

Cuando los hijos tienen mucho resentimiento en contra de los padres, pueden llegar hasta el punto en que no les habla ni se respetan y actúan como si no se quisieran. En muchas de estas situaciones los padres y sus hijos no se pueden ni ver y hasta llegan a sentir odio el uno por el otro.

Si la familia come a diferentes horas, cada quien está encerrado en su cuarto o los hijos andan todo el día en la calle. Llega el momento en que la familia se acostumbra a vivir alejados unos de otros, aún viviendo bajo el mismo techo.

Hay algunos comentarios que me han dicho los pandilleros de sus padres:

- Mi padre siempre está en la cantina con los amigos.
- Mi madre se la pasa en los bailes con los novios y siempre nos deja con la niñera.

- Cómo voy a respetar a mi papá, si él no respeta a la familia. Siempre anda con otras mujeres.

- Mi madre siempre está en el teléfono en el chisme o mirando las telenovelas. Nunca nos presta atención.

Me he encontrado a padres que dicen, "Yo no uso drogas, no soy borracho y no me meto con los vecinos. No sé porque mi hijo está como está. A estas personas les digo, "Platíqueme lo que esta haciendo por sus hijos". La mayoría se quedan callados. Aunque no están haciendo nada malo, tampoco están haciendo nada bueno.

Hay qué enfocarnos en lo que "Sí queremos" para nuestros hijos, no en lo que "No queremos".

Tipos de Padres Que usan Métodos De crianza Poco Eficaces

1. **Los Padres Sobre-protectores:** Inventan excusas sobre el comportamiento de su hijo/a. No dejan que sus hijos tomen responsabilidad por sus acciones. Estos padres son capaces de mentirle a la policía para encubrir a los hijos.
2. **Los Padres Amigos:** Se creen más amigos de sus hijos que padres de familia. Esto confunde a los hijos porque aunque tengan unos padres "buena onda", cuando necesitan el consejo de un padre o madre, no lo encuentran. Sólo encuentran a alguien que se cree ser su amigo.
3. **Los Padres Ausentes:** Siempre están fuera de casa, ya sea trabajando, en deportes, o en bailes. Estas personas se preocupan más por sus propias vidas que por la de sus hijos. Siempre los dejan encargados con la niñera, el vecino y algunas veces hasta solos.
4. **Los Padres Inconsistentes:** No son firmes con sus reglas. Los hijos las rompen constantemente, ya que no hay consecuencias. Como estos padres no cumplen con su palabra, los hijos no los respetan.

5. **Los Padres Irresponsables:** No tienen su propio hogar. No les gusta trabajar. Esperan que sus hijos se adapten al estilo de vida en que viven ellos. El clásico ejemplo es que estas familias constantemente se mudan de casa o viven de motel en motel. Los hijos no tienen nada porque los padres tampoco tienen nada.

6. **Los Padres Complacientes:** Enseñan a sus hijos que si hacen un escándalo o berrinche, se les dará lo que quieran con tal de mantenerlos contentos. Los hijos aprenden a estar en control por completo y creen que lo merecen todo.

7. **Los Padres Temerosos:** No se sienten capaces de ser los líderes de su familia y no saben tomar decisiones. Tienen miedo si sus hijos se enojan con ellos y optan por dejar que ellos manden.

8. **Los Padres Fríos:** No expresan ni amor ni cariño por sus hijos. Si sus hijos se enferman o se mueren, para ellos es igual. A estos padres les importa muy poco lo que ocurre con sus hijos y con la familia.

9. **Los Padres Flojos:** Tal vez están en casa, pero no hacen nada. Los hijos se crían solos. Por pereza no los cuidan, no los aconsejan, no les hacen de comer—los niños sobreviven comiendo pizzas,

dulces, hamburguesas, y otras comidas rápidas y poco nutritivas. Estos padres no se preocupan por la higiene de sus hijos, no los bañan, peinan ni visten con ropa limpia. Estos padres pasan mucho tiempo acostados o viendo la televisión o en el teléfono.

Basado en el libro —*How to raise a Juvenile Delinquent*—Oficial Amber White

¿Qué hacen Los Padres Eficaces?

Comunicación:
Hablando se entiende la gente

¿Cuántas veces hemos leído en los periódicos o visto en las noticias que se encontró a un bebé recién nacido en un bote de basura? Los reportes generalmente indican que la muchacha embarazada tenía miedo de decirles a sus padres de su situación. En vez de tenerles confianza y respeto, les tenía miedo. Hay una gran diferencia entre el miedo y el respeto. ¿Cómo sería la situación en su casa? La joven esconde su embarazo por nueve meses; después pasa la agonía de dar a luz en un baño para luego arrojar a su bebé a la basura. ¿Tendría esta joven una buena comunicación, la confianza y el apoyo de sus padres? ¿Usted qué piensa?

Para una joven, encontrarse en situaciones como esta se puede convertir en problemas muy graves. Existe una gran diferencia entre la mente de una mujer de 25 años que se encuentra embarazada a la de una joven de 15 años en la misma situación. ¡A esa edad la presión es inmensa!

Ahora cambiemos el papel y digamos que un joven embaraza a su novia. Él también pasa por una presión tremenda al no tener la confianza de hablar con sus padres. El joven puede llegar hasta a irse de la casa y esconderse de su familia al pensar que no tendrá el apoyo de ellos.

En ambas situaciones mencionadas, si la confianza y la comunicación existieran, los padres hubieran tenido la oportunidad de hablar con los hijos y decirles que los aman a pesar de todos sus errores. Esto seguramente cambiaría el resultado final de estas historias.

Es por eso que les comento sobre la importancia de la buena comunicación para poder hablar y expresarse con sus hijos. Es bueno demostrarles que siempre podrán confiar en ustedes, que a pesar de todo, nunca los abandonarán—especialmente cuando ellos cometan errores o tomen malas decisiones. Aunque las situaciones sean difíciles y causen molestias, es bueno decirles a los hijos que siempre estarán ahí para lo que necesiten.

Existen padres que cuando sus hijos hacen algo mal, les dejan de hablar. Ignoran la situación por días. Todo esto a causa de que el hijo tomó una mala decisión. Me pregunto, ¿cómo es que un padre puede hacer esto en el momento cuando la comunicación es más crucial? Estos padres actúan como si ellos nunca hubieran cometido un error.

Conozco a padres que me dicen cosas como:

- Cuando estoy enojado no le hablo a mis hijos para que les duela.
- Ignoro a mis hijos por unos días para que sepan que estoy muy enojado con ellos.

Esto no debe de ocurrir nunca. Hay que mantener las líneas de comunicación abiertas, sin importar cuál sea el problema. Tal vez este hijo necesita decirles algo más y no le están dando la oportunidad de hacerlo.

Lo único que se les está enseñando a los hijos con esta actitud es que no se debe hablar cuando existen problemas y que no debe haber comunicación cuando uno está enojado.

Como resultado, cuando los hijos crezcan, si ellos se enojan con los padres, tampoco les van a hablar "para que les duela". Como dice el dicho: *"Para que sientas lo que siento"*. De la misma forma lo harán con su pareja cuando se casen y con sus hijos porque eso es lo que aprendieron en su casa.

Es crucial aprender a hablar y saber escuchar. La mayoría de los seres humanos oímos, pero no sabemos escuchar. Cuando alguien nos está explicando algo, muchas veces estamos pensando en la respuesta antes de que la persona termine de hablar. Eso nos prohíbe realmente entender todo lo que se nos está diciendo. Entonces hay que enfocarnos un poco más cuando nuestros hijos nos hablan. Es esencial evitar las distracciones y ponerles la atención adecuada.

A NADIE LE GUSTA PLATICAR CON ALGUIEN QUE NO ESTÁ DISPUESTO A ESCUCHAR.

Entiendo que hoy en día en muchas familias es necesario que ambos padres trabajen para sacar adelante a la familia. Pero me atrevo a decir que no estamos tan ocupados como para no poder brindar cinco o diez minutos al día a los hijos para preguntarles como están y que cómo les fue en la escuela. Este tiempo debe de ser sólo para ellos. Los padres no deben de estar pensando en el trabajo, viendo la televisión, o revisando el correo— debe de ser tiempo de calidad! Trabajar mucho está bien, pero, ¿a costa de que? Sus hijos no van a recordar cuánto dinero tenían, sino cuánto tiempo pasaron con ellos.

Cuando los padres preguntan a sus hijos cómo están y como les fue en su día, les están demostrando que tienen interés y que se preocupan por ellos. Si esto es algo que ya está en práctica en sus hogares, los felicito. Si no, pues vamos acostumbrándonos poco a poquito. Créanme, rápidamente notarán la diferencia.

"Sin la comunicación, la gente se aleja".

La Necesidad De Ser Comprendido

Muchas veces los jóvenes no entienden lo que pasa con ellos mismos y esto causa reacciones a veces inapropiadas. ¿Por qué hacen esto? Esto ocurre en gran parte porque aún no tienen las herramientas para manejar sus emociones de forma apropiada. Como adultos ya hemos pasado por mucho. Las herramientas para manejar las emociones solamente vienen de una forma y esa forma es la experiencia que nos da la vida.

Una vez estuve en la corte y un padre me hablaba de su hijo. Me decía, "No sé que pasa, mi hijo no me entiende. No lo puedo controlar. Se sale de la casa y quiere andar en el patín hasta las diez de la noche". El señor me siguió comentando, "Mi hijo no me entiende cuando le hablo, no me escucha." Le dije "A ver si lo entiendo bien. ¿Usted me dice que su hijo no lo entiende a usted?" Me contestó "Sí, no me quiere escuchar". Le pregunté "¿Qué no debería ser al revés? ¿No debería usted tratar de entenderlo a él primero para saber qué es lo que le pasa?" Y me contestó, "Yo sé que pasa con él, yo fui joven una vez." Y le dije "No señor, eso fue su vida. La vida de él es otra. Lo que su hijo está pasando y sintiendo es otra cosa."

Para que exista una buena comunicación, es necesario escuchar más que hablar. Cuando uno se siente comprendido, uno puede descansar. Hagan de cuenta que esto es algo terapéutico, ya que el desahogarse y poder expresar lo que lleva uno dentro trae mucho alivio y tranquilidad.

Se necesita *más* energía para escuchar que para hablar. Uno tiene que contener sus comentarios y tratar realmente de entender lo que le están diciendo. Se nota la madurez de una persona cuando ella escucha más en vez de hablar. Cualquier persona puede hablar mucho—y decir nada. Una vez que se entiende la situación, se puede aconsejar de una manera más efectiva.

**Todo ser humano tiene el deseo de ser entendido—
TODOS, incluyéndonos a usted y a mí.**

La Necesidad De Sentirse Importante

Todo ser humano tiene la necesidad de sentirse importante. Es necesario demostrarles a los hijos que son valiosos. ¿Cómo puedes enseñarle a alguien que lo valoras? *Enseñándole que lo toma en cuenta.* A todo mundo le gusta que lo tomen en cuenta. Si uno trata a los hijos mal y como personas insignificantes, crecerán pensando que no valen nada. Este tipo de rechazo les puede hacer sentir que ni su opinión, ni su presencia y a veces ni su vida es importante. Muchas veces crecen pensando que tienen algún defecto y esto tan solo les afecta su autoestima.

Es importante resaltar las cualidades de los hijos, diciéndoles cosas como:

- Hija, me gusta que siempre le ayudas a tu madre sin que ella tenga que pedírtelo. ¡Gracias por tu ayuda!

- Hijo, me gusta que tú siempre tienes tu cuarto bien organizado. Veo que eres muy responsable. ¡Gracias!

A todos nos gusta que nos den elogios. Cuando usted platique con otras personas, siempre diga algo bueno de sus hijos delante de ellos.

Todavía me acuerdo que cuando yo era muy joven, en una ocasión nos llegó una visita a la casa. Una señora conocida de mis padres llegó a pedirle a mi mamá el favor de traducirle una carta que había llegado por correo. La señora venía con su hija que tenía aproximadamente 12 años. Mi papá le preguntó a la señora si su hija no había podido traducir la carta. La señora contestó, "No, es muy mensa. No sabe nada". La niña tristemente bajó la cabeza con mucha vergüenza. Yo pensé, ¿Cómo ella puede decir algo así en frente de su hija? Me pregunté a mi mismo, si esta madre se atreve a decir algo así en frente de nosotros; ¿cómo estará la situación en su casa?

Lo similar busca lo similar. Si tus hijos se rodean de gente con problemas de autoestima, ellos comenzarán a desarrollar ideas sin sentido que podrían causarles mal a ellos mismos. Es bueno enseñarles a los hijos que se rodeen de personas que proyecten una actitud POSITIVA y que tengan metas en la vida.

Tenía razón mi abuelo cuando decía: "¡Júntate con los más vivos, no con los más tontos!"

Mi abuelo tenía razón, hay que buscar a los "vivos". Hay qué apartarse de las personas negativas. Existe gente que no quieren ver a otros triunfar en la vida. Tratan de detener a los demás porque ellos no pueden lograr lo que otros con mucho esfuerzo y sacrificio pueden llegar a hacer. Hay qué estar muy alerta con este tipo de individuos que son celosos. Son capaces de hacer que las personas pierdan su objetivo y que no logren sus metas.

Un padre NEGATIVO—

Transmite a sus hijos conceptos negativos:

- No pierdas tu tiempo.
- Esto es muy difícil.
- No se puede.

Un padre POSITIVO—

Aunque sea difícil, su mensaje es positivo:

- No te des por vencido.
- Tú puedes lograrlo.
- Si es posible.

**AL QUE A BUEN ÁRBOL SE ARRIMA,
BUENA SOMBRA LO COBIJA.**

La Importancia De La Educación

Yo vengo de una familia de seis hombres y una mujer. Como éramos muchos, mi padre nos tenía que enseñar las cosas a todos juntos, como en un salón de clases. Por ejemplo, me acuerdo muy bien que mi padre nos enseñaba la forma correcta de saludar la gente. Él nos hacia formar una fila, y uno por uno caminábamos hacía él, para luego decir, "Buenas tardes" y saludarlo de mano. "¿Como está usted?" "Muy bien, gracias". "Con permiso". Luego pasaba el siguiente. Y así lo teníamos qué hacer todos, uno por uno.

De niño tal vez yo no comprendía lo valioso de la enseñanza que nos estaba dando mi padre. Sin embargo, ahora veo a muchas familias que visitan a la gente y los hijos llegan como decía mi abuela, "Como burros sin dueño, que se plantan sin decir nada". Llegan sin saludar a la gente. En mi opinión esto es una falta de educación y de respeto. No espero que los padres hagan lo que mi padre hacía con nosotros cuando éramos niños, pero por lo menos deberían enseñarles a decir "buenas tardes" o simplemente, "hola".

Es cierto que hasta en las mejores familias hay ovejas negras. Aunque uno haga todo lo posible para encaminarlos por el bien, algunos hijos deciden seguir el camino equivocado. Al final, cada quien toma su propia decisión. Sin embargo, antes de rendirse, hay que ver cómo está criando uno a los hijos. A veces es difícil porque a nadie, incluso a mí, nos gusta ver nuestros propios errores. Pero es esencial reflexionar sobre las cosas que estamos haciendo.

La Disciplina

Les voy a platicar una historia que me pasó cuando tenía unos 6 o 7 años. No recuerdo todos los detalles, pero mi padre me cuenta de un domingo que fuimos a la iglesia. Esa vez me estuve portando muy mal, y como muchas veces durante mi niñez, me encontraba muy inquieto y no estaba poniendo atención a la misa. Mi padre me decía, "Pórtate bien y presta atención". Cuando mi padre vio que yo no le hacía caso, él decidió que ya no había otro remedio y me llevó afuera para disciplinarme. Llegó el momento en que las palabras no servían. Mi padre tuvo que tomar otra acción muy diferente y me dio unas nalgadas. Pero les comento que antes de todo mi padre siempre me explicaba el POR QUÉ de las cosas antes de darme unas nalgadas. Explicar por qué al disciplinar a tus hijos es crucial.

Cuando me estaba dando mis fajazos, iba pasando una monja que le dijo a mi papá, "¿Señor, por qué no se espera hasta después de la misa y le pone sus buenos llegando a la casa en vez de dárselos aquí?"

Mi padre le contestó, "Hermana, si me espero hasta llegar a la casa para dárselos, no va a saber por qué se las estoy dando. Esto se tiene que arreglar ahorita para que entienda por qué lo estoy castigando y también para que podamos regresar a la misa."

Mi padre entendía que a un niño de esa edad se le olvidan las cosas rápido y era necesario disciplinarme en ese momento y no después.

La mentalidad de cómo disciplinar a los hijos es muy diferente en este país. En California, la ley dice que uno les puede dar unas nalgadas a sus hijos como forma de disciplina. Pero también, la ley dice que el castigo tiene que ser *APROPIADO A LA EDAD DEL NIÑO*. Por ejemplo, no piensen que a un hijo de 14 años le van a afectar unas nalgadas de la misma forma que le afecta a un pequeño de 6 años. No es igual. ¿Qué creen que le duele más a un jovencito de 14 años, que le den unas nalgadas o que le quiten el teléfono y la televisión por cinco días? Ustedes saben la respuesta.

Se debe de disciplinar de diferente forma en cada etapa de la niñez y la juventud.

La disciplina se les debe de enseñar a los niños desde que son pequeños. Esto es necesario para establecer la figura de la autoridad en la casa. No es cuestión de que los hijos les tengan miedo a los padres, sino de que los respeten.

La comunicación tiene que ir junto con la disciplina. Siempre hay que explicar "el por qué" uno está disciplinando. Hay que usar las palabras en vez de las nalgadas. Si usted decide que unas nalgadas son la mejor opción, hay que guardarlas para las peores ofensas. Esto ayuda a que los hijos puedan distinguir cuales ofensas son las más serias.

Por favor sean conscientes de la disciplina que utilizan. Recuerden que hay una gran diferencia entre la disciplina y el abuso.

Una de nuestras metas como padres debe de ser lograr que nuestros hijos entiendan que nunca se nos debe que faltar el respeto—pase lo que pase y sin importar cuantos años tengan. El respeto se debe de mantener ¡siempre! Los hijos escuchan más a sus padres cuando los respetan. Si hay una discusión entre padres e hijos (porque las habrá) se puede discutir, pero sin faltarse el respeto el uno al otro.

Si a un hijo se corrige desde muy chico, cuando ya esté más grande lo obedecerá más. Si un hijo está acostumbrado a hacer lo que quiera, cuando sea grande no se le va a poder controlar. He visto a muchísimos padres quejarse de que ya no pueden controlar a sus hijos. Frecuentemente, esto es resultado de que se les permitió hacer lo que querían cuando eran pequeños.

Como dice mi amiga, la Oficial Amber White, *"Los hijos que crecen sin control, se convierten en adultos sin control. Esos adultos igual, crían a hijos fuera de control".*

El hecho de que usted sea estricto con los hijos no quiere decir que no los quiera. Al contrario, usted los quiere tanto que su amor es incondicional y toma decisiones, a veces difíciles, para enseñarles lecciones de la vida. Es importante disciplinar a los hijos con constancia pero también darles muchos abrazos y recordarles que usted los quiere mucho. ¡Tiene que haber una buena combinación de disciplina y cariño! El padre que no hace nada más que dar regalos y cariño, sin corregir, con el tiempo se preguntará qué hizo mal, o por qué su hijo está fuera de control. Aunque a veces nos duela, hay que corregir a los hijos por su bien y por el amor que le tenemos. Nuestros hijos nos darán las gracias algún día.

El mejor regalo que le puedes dar a tus hijos es brindarles un hogar estable.

Capítulo Tres

Amores Que Matan

La Verdad Sobre La Violencia Doméstica

La historia de Laura

Laura Laura tenía 17 años cuando conoció a su novio Julio quien tenía 25 años. Al principio, Julio parecía ser un hombre bueno. Él siempre estaba dispuesto a ayudar a Laura con lo que ella necesitaba. También era muy romántico—le bajaba la luna y las estrellas, le mandaba flores y hasta le escribía poemas de vez en cuando.

Después de dos años de novios, Laura sintió que la relación iba demasiado en serio. Ella ya tenía 19 años y Julio 27. Laura no estaba muy segura de lo que quería en la vida. Ella sentía que era muy afortunada de tener a un hombre como Julio. Sin embargo, algo le molestaba. Julio tenía tiempo hablando de matrimonio y a Laura esto le asustaba. Ella sentía que era muy joven y no sabía si estaba lista para tomar un paso tan serio como el matrimonio.

Todas las amigas de Laura estaban disfrutando de su juventud, saliendo a bailes y conociendo muchachos. Laura empezó a sentir que esta etapa de su vida era para salir y conocer a diferentes personas. Ella quería estar segura de lo que realmente quería. Un día, Laura le comentó sus dudas a Julio y le sugirió terminar por un tiempo para ver si realmente quería seguir con la relación. Ella le explicó que quería experimentar la vida, ir a la universidad y terminar una carrera. Cuando Julio oyó esto, no le gusto y se enojó mucho. Ellos hablaron por varios días y Julio trató de convencerla de no terminar su relación, pero Laura estaba decidida a seguir sus sueños.

En vez de apoyarla, Julio cada vez se ponía más enojado y agresivo. Empezó a amenazarla diciéndole, "Si no te casas conmigo voy a matar a tus padres". Laura nunca lo había visto así. Para demostrarle que hablaba en serio, un día Julio le dio a Laura unos golpes en el pecho y en el estómago tan fuertes que le dejaron moretes. Le dijo que a fuerza se iba casar con él. Ella le dijo que no. Entonces Julio la volvió a amenazar y le enseñó su pistola. Ella lo tomó en serio porque sus amigos ya le habían dicho que Julio era un loco, pero ella antes había ignorado lo que le dijeron. Ella sabía que Julio cargaba pistola en su coche. Sin embargo esto le había agradado un poco anteriormente porque le gustaban los hombres rebeldes, ya que le parecían excitantes.

Llegó un momento en el que Laura se asustó tanto que le prometió que sí se iba casar con él para así proteger a su familia, pero no le dijo a nadie de las amenazas de Julio. Laura se sentía confusa y avergonzada por lo que le estaba ocurriendo. Ella sabía que las amenazas eran en serio y temía por su vida y por la de sus padres.

Laura y su novio fueron juntos a decirles a los papás de Laura que se querían casar. Los papás no conocían la personalidad violenta de Julio ni se dieron cuenta que Laura no se quería casar, así que estuvieron de acuerdo y se sintieron contentos por la noticia. A los pocos días, Julio y Laura fueron a la corte para hacer los arreglos. Durante este tiempo Julio le estaba dando golpizas diarias para asegurarse de que ella se casaría con él. Todo ese tiempo Julio le recordaba que si no se casaba con él, sus padres lo iban a pagar.

Laura comenzó a convencerse a si misma de que todo se iba a arreglar al casarse. Decía cosas como, "Julio sí es un buen hombre a pesar que es un poco agresivo. Cuando nos casemos todo se va a mejorar y será como antes". ¡Qué equivocada estaba!

Mientras tanto, nadie se daba cuenta de lo que estaba

pasando. Ella lo escondía muy bien y nunca le pidió ayuda a nadie.

Llegó el día que se casaron y al salir de la iglesia Julio le dijo a Laura al oído, "¡Ya te casaste, ya te fregaste!"

Se fueron a vivir a una casa cerca de donde vivían los padres de Laura. Ella pensó que todo iba a estar bien, ya que vivían tan cerca de sus padres, pero no fue así. Al contrario, las cosas se pusieron peor.

Julio era un experto en esconder su personalidad violenta y controladora. Tenía un buen trabajo y se la llevaba bien con sus compañeros, pero cuando llegaba a casa se convertía en una persona muy diferente.

Julio no la dejaba trabajar, usar maquillaje, vestirse con ropa que el pensaba que era sexy, ni mucho menos visitar a sus amigas o a sus padres sin que fuera él. Además la forzaba a tener relaciones sexuales siempre que él quería, sin importar como se sintiera Laura. Algunas veces era después de darle una golpiza. Él le tomaba el tiempo cuando ella iba al mandado o al doctor, y Dios la guarde si se tardaba. Laura no sabía qué hacer. Se sentía atrapada porque Julio lo controlaba todo.

Para que sus padres no se dieran cuenta, Laura siempre mantenía una sonrisa delante de ellos, aunque estuviera golpeada y triste.

A los dos años de casados Laura se embarazó. Ella

estaba feliz con la noticia. Sin embargo, como Julio tenía la costumbre de pegarle en el estómago, Laura perdió su bebé. Cuando fueron al hospital, los doctores llamaron a la policía, pues los golpes que Laura tenía eran indicación de una golpiza. Sin embargo, la policía no pudo hacerle nada a Julio porque Laura insistió en que sus golpes eran accidentales y negó la que hubieran golpeado. Ella ya era una experta en justificar sus moretes.

Pasaron cuatro años de golpizas. En los buenos tiempos ocurría cada mes, y en los malos tiempos a diario. Julio siempre le decía lo mismo después de golpearla, "Perdóname que te lastimé, perdí el control, pero ya no lo vuelvo a hacer. Perdóname, mi amor". Laura siempre le creía y lo perdonaba, pero la verdad es que nada cambiaba. Al contrario, las cosas se ponían cada vez peor.

Julio comenzó a amenazarla de muerte. Le ponía la pistola en la cabeza y le decía: "Si me dejas, juro que te mato a ti y a tus padres".

Nadie se daba cuenta de lo que estaba ocurriendo; Ni la policía, ni sus padres, ni siquiera su mejor amiga. Los padres de Laura no se daban cuenta del infierno que vivía su hija. Al contrario, sus padres querían mucho a Julio porque él los trataba muy bien. Laura pensaba que nunca podría salir de esta situación y se culpaba a si misma por todo lo que estaba pasando.

Hasta que un día, por fin, Laura abrió los ojos. Se dio cuenta de que estaba embarazada de nuevo y se dijo a si misma, "Si me quedo aquí voy a perder este bebé también. No quiero que pase eso. ¡Por la vida de mi bebé tengo que hacer algo!" En otras palabras, tomó la decisión más importante de su vida – pedir ayuda para poder dejar a Julio.

Laura hizo un plan, comenzó a ahorrar un poco de dinero y a juntar sus documentos personales. Sus padres viajaban frecuentemente, así que esperó a que salieran de viaje, ya que ella sabía que Julio se aprovechaba cuando ellos salían para golpearla más. Así que cuando Julio le pegó ese fin de semana, ella por fin llamó a la policía. Se llevaron a Julio a la cárcel y tomaron posesión de todas sus pistolas. Ella se fue a una casa de rescate para mujeres donde la ayudaron a recuperarse física y emocionalmente. También consiguió una orden de restricción para que Julio no pudiera ir a la casa de sus padres a hacerles daño. Laura por fin habló con sus papás y les contó todo lo que había pasado.

Sus padres le preguntaban, "¿Porque no dijiste nada? ¡Nosotros te hubiéramos ayudado!" Laura no sabía qué contestar, pues ella se hacía la misma pregunta, "¿Por qué no dije nada?" Estaba muy confundida y realmente no sabia la respuesta.

¿Quién tuvo la culpa? ¿Dónde estuvo la falla? Podríamos hacernos mil preguntas y nunca terminaríamos. Es mucho mejor informar a nuestros hijos de estos peligros y ayudarlos a prevenirlos en vez de preocuparse una vez que ya han llegado a caer en una situación como la de esta historia, ya sea como víctima o como agresor.

Desafortunadamente las historias como la de Laura son más comunes de lo que nosotros nos podemos imaginar. Hay mucha gente que vive un infierno – tanto ellos como sus hijos.

Escribo esto porque los protagonistas de esta historia podrían ser sus hijos o los míos. A nadie le gustaría que su hijo o hija estuviera en una situación como esta por eso; ¡Mas vale prevenir que lamentar!

Mucha gente prefiere ignorar los problemas de violencia. Muchos dicen, "Si no me pasa a mí, no es mi problema". Déjenme preguntarles. ¿Y si le pasa a uno des sus hijos, entonces qué, tampoco es su problema?

Es necesario estar consciente de las realidades de este mundo.

¿Han hablado con sus hijos sobre la violencia doméstica? Con esta información podrán ayudar a los suyos y a otros prevenir estas situaciones horribles. *Es necesario entender la violencia para poder combatirla.* Cuando uno tiene conocimiento de algo, tiene más confianza en uno mismo para poder manejar el problema si algún día tiene que enfrentarlo.

Las personas que se encuentran en situaciones de violencia doméstica se vuelven muy inteligentes para esconderlas. Nunca sabe uno lo que pasa detrás de puertas cerradas. Nunca sabe uno a dónde van a caer sus hijos. Ni *Walter Mercado* les podría decir cómo van a vivir sus hijos, ni los problemas que tendrán que enfrentar. Nosotros como padres tenemos que estar alertas y preparados para ayudarlos a que se cuiden de este tipo de situaciones. La intervención a una temprana edad es crucial. Espero en Dios que estas cosas nunca les sucedan a ustedes o a sus hijos. Sin embargo, hay que estar preparados para identificarlas y enfrentarlas.

TENER CONOCIMIENTO NO ES PODER; EL PODER EMPIEZA CUANDO SE APLICA LO QUE SABEMOS.

¿Qué es la Violencia Doméstica?

La violencia doméstica no es solamente el empujar o pegarle a alguien. La violencia doméstica se presenta en diferentes formas. El abuso puede ser físico, sexual, mental o emocional. Pero al final de cuentas es un crimen que se toma muy en serio por la ley.

La violencia doméstica se produce en todos los niveles sociales sin importar raza, género, cultura, nacionalidad, estado económico o estado civil. A pesar de afectar a tantas personas, la violencia doméstica sigue siendo un tema tabú del que a nadie le gusta hablar. Es algo que muchos prefieren ignorar.

La Violencia Doméstica y los Hijos

Les hablo de la violencia domestica porque he visto a tantas familias sufrir por causa de estas situaciones. Hay muchos hijos que viven lejos de sus padres con una familia asignada por el gobierno, ya que no hay estabilidad en la casa. Esto causa mucha confusión y dolor.

Formas en que la violencia doméstica afecta a los hijos

- Los hijos viven con desesperación porque no ven una salida. Quieren hablar con alguien, pero sienten qué tienen que mantener esto como un secreto.
- La autoestima de los hijos se reduce; viven con miedo, ansiedad, debilidad e inseguridad de si mismos. Muchas veces sufren de falta de concentración que resulta en un bajo rendimiento escolar.
- Los hijos se convierten en personas emocionalmente dependientes. Esto aumenta el riesgo de volverse adictos al alcohol y a las drogas ya que sienten que estas substancias les ayudan a tolerar sus emociones.
- Muchos de estos niños piensan con frecuencia en hacerse daño y hasta en suicidarse.
- Los hijos pueden llegar a pensar que la violencia y el peligro son algo normal en el hogar. Esto afecta su sistema de valores morales. Es por eso que muchos de ellos escogen a personas violentas como parejas.
- Muchas jóvenes se embarazan o se casan demasiado chicas ya que ven el matrimonio como una oportunidad para salirse de su casa.
- Muchos no viven su niñez, ya que toman el papel de una persona adulta a muy temprana edad y se convierten en los protectores de su familia.

- Los hijos sienten dolor y sufrimiento al perder la imagen que tenían de su familia.

- Muchos hijos se sienten culpables por no poder detener la violencia en su hogar y se echan la culpa a ellos mismos – lo que resulta en depresión.

Aún después de que la violencia se termina, deja consecuencias. Los hijos pasan por muchas emociones que la gente ni se imagina. Sienten tristeza por no ver más a su papá o mamá. También sienten ansiedad por tener que cambiarse de casa para evitar problemas. Si ellos fueron los que reportaron el abuso, sufren muchos remordimientos pues sienten que son culpables de que la familia esté separada.

Lo triste es que los hijos son los que pierden más que nadie sin tener culpa de nada. Pierden lo que podría ser una familia estable, concreta y con futuro. Pierden a padres que si estuvieran unidos podrían darles mucho amor para poder crecer saludables.

Los papás pierden la oportunidad de poder estar cerca de sus hijos y de criarlos. Pierden la oportunidad de enseñarles y darles el ejemplo de como vivir unidos como familia. Digo esto porque he visto a muchos hombres y mujeres arrepentirse de sus acciones y sus caprichos. Y ahora están pagando muy caro por sus errores.

El sistema de Justicia

Muchos oficiales dicen: *"Una vez que una persona entra al sistema, es muy difícil salir de él"*. Hablan del sistema de justicia, y eso es totalmente cierto. Se convierte en un círculo vicioso donde tantas cosas pueden suceder y donde los problemas llevan a más problemas.

Por ejemplo:

- Dificultad para mantener un trabajo porque la corte te exige asistir a clases de violencia doméstica a ciertas horas del día.

- Muchos no pueden ir para su casa por la orden de restricción que impuso la corte.

- La orden de restricción de la corte no te permite visitar a sus hijos hasta que se aclare el caso.

- Muchos no pueden pagar la fianza de la corte y el gobierno les suspende la licencia de conducir.

- Muchos no pueden visitar a sus hijos porque no tienen dinero para pagar una visita supervisada por orden de la corte.

Mientras tanto, los hijos preguntan:
"¿Qué pasa con mi papá o mamá?
¿Por qué no me visitan?"
¡A causa de todo esto, la gente sufre y vive desesperada!

¿Por qué la gente comete Violencia Doméstica?

Existen muchas razones por las que la gente comete violencia doméstica. Algunas personas piensan que el problema es debido al mal carácter o al coraje que sienten. Sin embargo, una de las mayores razones es el de la necesidad de tener el CONTROL. Puede ser el control de su pareja, el de su hogar o el de sus hijos pero el objetivo final es tener el control. Esto puede ser por varias razones, tales como el machismo, la baja autoestima, o hasta por tradición.

Este tipo de personas piensan que necesitan controlar y someter a otros para que no los dejen, ya que necesitan de otras personas para ser felices. Buscan en otros lo que no tienen ellos mismos. Sienten celos y son inseguros de sí mismos. No tienen el control de sus sentimientos, entonces buscan controlar a la otra persona para satisfacer sus propias emociones. Sin embargo, nunca se sienten satisfechos, pues tienen el corazón vació. Es por eso que la violencia crece. Ellos tratan desesperadamente de llenar el vació. Tratan de forzar la felicidad. Pero esto no es posible—la única persona que puede cambiar lo que lleva por dentro es uno mismo, no otra persona. Tal vez sus padres nunca les enseñaron esto. Es aquí donde entra el problema de la autoestima. Por eso es muy importante apoyar a los hijos desde muy temprana edad, decirles y demostrarles que son muy valiosos.

Hay muchas maneras de identificar a las personas con esta necesidad de controlar. Algunas de las señales son:

- Manipulación
- Celos excesivos
- Baja autoestima
- Falta de confianza en sí mismos
- Prohibirle a su pareja tener amigos o amigas.

Pégame, mátame, pero no me dejes

Algo similar a lo que le pasa al abusador también le pasa a la víctima. La víctima no puede dejar a su abusador. ¿Por qué? Por el mismo problema de su baja autoestima o por miedo.

Tal vez estas mujeres no saben elegir un hombre bueno porque nunca tuvieron ese modelo en su casa. Quizá nunca tuvieron padre, o si lo tuvieron no les dio un buen ejemplo. Cuando los padres son borrachos, drogadictos, o violentos, los hijos pueden llegar a pensar que la mayoría de los hombres son así. De la misma forma, si sus padres nunca los apoyaron ni los apreciaron cuando eran chicos, crecen con una autoestima dañada. Muchas veces cuando las mujeres encuentran a un hombre abusador, piensan que es lo mejor que se puede conseguir y se quedan con él. Piensan que no hay otro mejor. ¡Ellas no saben lo que es un buen hombre, ¡PORQUE NUNCA LO HAN VISTO!

Este tipo de mujeres piensan: "Nadie mas me va a querer, es mejor que me quede con el". El abusador capta esto como un punto débil y se lo confirma a la víctima diciéndole cosas como:

- ¡Estas gorda y a nadie le vas a gustar!
- Nadie te va a aceptar con hijos.

- ¿Que vas a hacer sin dinero y sin trabajo?
- Tú no tienes papeles y no puedes conseguir trabajo.

Así manipulan estas personas. Empiezan poco a poco con esas tácticas. No son tontos. Saben muy bien con quién lo puedan hacer. ¿Y con quién lo hacen? Con los que se dejan—con los más débiles.

Como lo vimos en la historia de Laura, hay muchos hombres que cuando llegan a su trabajo se portan bien y se llevan bien con todo el mundo, pero cuando llegan a su casa son otra persona, cambian instantáneamente. Ellos saben dónde y a quien pueden tratar de esa manera. Para la gente que los conoce es difícil creer cuando les cuentan que esta persona es mala, pues nunca la han visto actuar así. La gente dice, "Cómo que Fulano te golpea, si nunca actúa así con nosotros. Es tan tranquilo, no parece una persona violenta".

Si una mujer tiene bien formada en su mente cómo debe ser una relación saludable, se puede defender de esto mucho mejor ya que tienen una idea clara. Cuando una persona tiene una autoestima bien formada, se siente más segura de sí misma y puede tratar con problemas mucho mejor.

Déjenme decirles, también existen casos donde las víctimas sí tienen una buena autoestima, pero cuando se trata de relaciones de pareja son débiles y llegan a caer en relaciones abusivas. Pero ellas son muy pocas. Son muchas más las que caen por falta de conocimiento, educación y apoyo.

Por favor hablen con sus hijas e hijos de cómo debe ser una relación saludable en la pareja. Pero aún más importante que hablarles, es demostrárselos con su propio ejemplo.

Mitos de Violencia Doméstica

- Solo perdió el control por esta vez—No volverá a pasar.

- Ella siente amor cuando la golpeo y le gusta.

- Me obligó a pegarle. La culpa es de ella.

- El embarazo detendrá la violencia.

- Si llamo a la policía para reportar el abuso, me quitaran a los niños y me regresarán a mi país.

- Una mujer solamente es valiosa si puede mantener su relación con su hombre.

- Todo cambiará cuando nos casemos.

- Él cambiara si yo cambio primero, si me porto bien y no lo hago enojar.

- La violencia doméstica no afecta a los niños. Ellos no se fijan en esas cosas.

- La víctima se queda porque le gusta la violencia.

- La gente no acepta a una madre soltera. Es mejor tener un esposo violento que no tener esposo.

- La violencia es la causa del abuso del alcohol y las drogas—cuando no usa drogas es una persona muy tranquila.

- El es celoso y posesivo porque me quiere.

- Si él comienza a ir a la iglesia, *no* necesitará ayuda profesional.

- Si me aguanto, las cosas cambiarán y se mejorará la relación.

- Las mujeres son las únicas que son abusadas.

- La gente va a pensar que soy poco hombre por permitir que mi mujer me pegue.

- Si los niños no lo ven no se so darán cuenta.

Verdades

- La violencia doméstica ocurre en todas las comunidades, sin importar raza, edad, nacionalidad, orientación sexual, estado económico, o nivel de educación.

- El abusador usa la violencia para obtener resultados con la víctima. Sin embargo, la víctima comienza a aguantar lo que le pasa y se acostumbra a ello. Entonces el abusador tiene que aumentar el nivel de violencia para obtener más resultados *(pero nunca quedará contento)*.

- El único que puede cambiar es uno mismo. *(Por más que trates, no puedes cambiar a otra persona.)*.

- Las mujeres también abusan de los hombres.

- El coraje es una emoción normal y *no* debe resultar en violencia.

- La violencia doméstica es el uso del control excesivo por parte de los abusadores, no la pérdida del control. Sus acciones son muy directas. Ellos saben lo que hacen.

- Los hijos ven y escuchan todo.

Antes me preguntaba a mi mismo por qué estas víctimas no se salen de este tipo de relaciones, y pensaba, ¡No es imposible! ¿Cuál es la razón? Ahora comprendo que es muy difícil salir de de este tipo de situación y que la codependencia de la víctima y el abusador es más fuerte que una cadena. Antes no lo entendía por falta de experiencia y educación de mi parte.

Formas de pensar que no permiten a la víctima dejar una relación

- El cambiará con el tiempo. Debo de tener paciencia y aguantar.
- Mi madre aguantó a mi padre, y yo debo hacer lo mismo.
- Mis amigos y familiares se van a burlar de mí cuando sepan que ella me pega.
- La vida será más difícil si estoy sola.
- No puedo sobrevivir con lo que gano.
- Nadie más me va querer con hijos.
- No valgo nada. Mis habilidades son pocas. No tengo ni el poder ni la valentía para lograr el cambio.
- El fracaso de mi relación quiere decir que yo también soy un fracaso. Mejor me quedo.
- No hago nada porque no puedo.
- Lo dejaré cuando los niños crezcan.
- Lo dejaré cuando encuentre un trabajo mejor para mantenerme.

Muchas víctimas no están conscientes de que si se quedan en esa situación, vivirán una vida de dolor, peligro y de malos ejemplos para sus hijos. ¡Los hijos sufren! Ellos muchas veces no saben cómo expresar lo que sienten y quedan traumados.

El Novio - ¡El que no vio!
La Nuera - ¡La que no era!

Hoy en día la juventud está muy apresurada a tener novio o novia desde muy temprana edad, aún cuando no tiene la madurez necesaria para tener una relación de pareja. Y déjenme decirles que sí existe lo que se llama "Violencia de Novios". Muchos jóvenes empiezan relaciones sin entender en lo que se están metiendo. Es por eso que le llaman, novio, "el-que-no-vio": el que no vio a quien realmente estaba escogiendo como pareja, el que no vio a quien eligió para ser la madre o padre de sus hijos. Si nosotros, los adultos, cometemos errores, pues mucho más los jóvenes. Y ahí es donde entra la responsabilidad de los padres. Hay que saber siempre con quién andan sus hijos.

¡Aunque sus hijos les digan que no se metan en su vida—no se rindan! Tiene que investigar. Fíjense con quién sale sus hijos. No podemos permitir que nuestros hijos salgan con pandilleros. Nosotros, como padres, tenemos que darles a nuestros hijos las herramientas necesarias para saber elegir.

El Ejemplo

Las palabras convencen, pero el ejemplo arrastra

Los hombres Latinos somos criados un poco más fuertes y más duros que otros, pero eso no quiere decir que no le podamos enseñar a nuestros hijos cómo tratar bien a su pareja. ¿Cómo podemos hacer esto? Demostrándoles con nuestro propio ejemplo.

Podrían decir los hijos: *"Mi papá no me habló mucho de cómo tratar a las mujeres, pero sí me enseñó cuanto amaba y respetaba a mi mamá".*

El ejemplo es mucho más fuerte que simplemente hablarles a los hijos de cómo tratar a su pareja. Acuérdense que cuando ellos se casen van a *imitarlos* en muchas cosas. Van a tratar de llevar su hogar de la misma forma que se llevaba el hogar donde ellos crecieron. Van a imitar su manera de resolver los problemas en el matrimonio y hasta el modo de hablarle a su pareja. La mayoría de nosotros imitamos lo que vemos. Así es el ser humano. Si recuerdan, seguramente ustedes también lo hicieron cuando estaban recién casados o cuando se unieron con su pareja.

Si una muchacha ve que su madre es muy servicial con su papá, lo más probable es que la va a imitar. Va a atender a su marido igualmente o algo parecido porque eso es lo que ella aprendió en su hogar. En su mente va a creer que así se debe de tratar a su esposo. De la misma forma, si un muchacho ve que su papá siempre ha cuidado y ayudado a su mamá, va pensar que eso es lo que tiene que hacer como hombre. Créanlo o no, lo va a hacer porque eso es el ejemplo que le dieron en su casa.

Señales de advertencia

El Celoso (excesivo)—Esta persona dice, *"Soy celoso porque te quiero"*, pero los celos en exceso no son señal de amor, sino de inseguridad. Esta persona quiere saber con quién andas, con quién hablas y donde te encuentras todo el tiempo. Por ejemplo: Siempre te está llamando por teléfono para saber qué haces y dónde estás. A veces no quiere que trabajes porque no quiere que conozcas a otra gente y que tal vez lo dejes por otro hombre.

El Posesivo—Siempre tienes que estar al lado de esta persona. No te deja tomar decisiones. Te dice cuál ropa te pongas, dónde trabajes. Te hace pedir permiso para todo. Esta persona se encarga de todo el dinero y es muy cerrado de mente – todo es a su manera.

El Impredecible—Nunca se sabe cómo reaccionará esta persona. Hace cosas en público que se deberían hacer en privado. Siempre te maltrata, en cualquier lugar, en frente de quien sea y hasta parece disfrutarlo.

El que tiene prisa para formar una relación—Esta persona te presiona mucho para un compromiso. Dice cosas como, "Quiero vivir contigo" aun cuando solamente tengan poco tiempo de conocerse. Te baja demasiado rápido la luna y las estrellas, siempre con la presión de formar un compromiso.

El que espera lo irreal—Esta persona espera que seas perfecta en todo y que te encargues de cuidar todo lo personal, tanto en lo emocional como en el hogar. No existe nadie que sea perfecto en todo, pero esta persona lo espera. Usa el chantaje para hacerte sentir culpable y con tal de salirse con la suya. Culpa a los demás por todos sus fracasos y piensa que la culpa nunca es de él/ella.

¿Qué puede hacer usted si sus hijos están en una situación de violencia doméstica?

- Ayúdeles a reconocer el abuso y dígales que lo que está pasando *no* es normal.
- Reporte el abuso a la policía.
- Dígales que merecen una relación saludable y que esa relación vendrá algún día.
- Hábleles de las buenas cualidades que poseen.
- Si se termina la relación y sus hijos tienen sentimientos confundidos, sea paciente y no los juzgue.
- Dígales que el abuso no es culpa de ellos.
- Enfóquese en la seguridad de sus hijos.
- Apóyelos y búsqueles ayuda profesional.
- Sea comprensivo pero específico sobre lo que usted observa y ayúdeles a ver lo que realmente está pasando.

¡Padres, rodéense de parejas y familias que viven y piensan como ustedes quieren vivir!

Capítulo Cuatro

El Mundo De Secretos

Ofensores Sexuales

La historia de Marta

Mi nombre es Marta. Nací en el Sur de California en el año 1980. Soy la mayor de tres hijos. Recuerdo que desde que yo tenía cinco años, ya había mucha violencia en mi casa. Mi padre era muy borracho y violento con mi madre. Mi madre lo dejó varias veces y nos llevaba a vivir con unas amigas de ella por unos días, pero siempre regresaba.

Cuando yo tenía siete años, mi madre ya no aguantaba más los abusos de mi padre y decidió llevarnos a México a vivir con mis abuelos. Este cambio fue muy difícil para mí porque yo no hablaba bien el español ni conocía las costumbres mexicanas. Los niños de la escuela me hacían mucha burla por mi acento y los maestros me pegaban porque no podía escribir bien el español. Mis abuelos eran muy pobres, así que durante ese tiempo sufrimos bastante, pues mi padre no nos mandaba dinero y a veces no teníamos ni para comer. Sin embargo, lo que más me hizo sufrir no fue el hambre, sino el abuso del cual fui víctima.

Mi Abuela tenía un vecino que de vez en cuando nos traía comida. Mi abuela lo estimaba mucho y siempre decía que el vecino era muy servicial y buena persona. Ese señor que mi abuela tanto apreciaba, me comenzó a tocar de una forma rara. Yo me sentía asustada y confundida porque sabía que eso era incorrecto. Después de dos o tres veces le dije que me dejara en paz, o si no, iba a decir algo. Él me dijo que si yo decía algo, ya no nos iba a traer comida y que mi mamá se iba a enojar conmigo. Él continúo tocándome, pero esta vez por debajo de mi ropa. Me empezó a amenazar y me dijo que si decía algo nos iba a golpear a mí y a mis hermanitas. Como yo era muy niña, le creí. Tenía tanto miedo, vergüenza, y confusión que nunca le dije nada a nadie.

Al año y medio de vivir en México, mi madre decidió darle otra oportunidad a mi padre y nos regresamos con él a California. Yo ya había cumplido ocho años. Otra vez me sentí muy confundida con el cambio porque ya me había acostumbrado a hablar solamente en español. Me costaba mucho trabajo la escuela y me atrasaba con las tareas. Mi padre seguía golpeando a mi madre y comenzó a hacerlo con mis hermanitas y conmigo.

Cuando cumplí nueve años, un amigo de mi primo que nos visitaba a menudo, comenzó a tocarme de la misma forma que el señor de México. Yo le decía que me dejara en paz, pero los abusos continuaron y cada vez fueron más atrevidos y violentos, hasta que un día me violó. ¡Me acuerdo que me sentía muy sola y destruida emocionalmente! ¡Sentí que me quería morir – y tan sólo tenía 9 añitos! Ese muchacho me advirtió que si lo reportaba, nadie me iba a creer. Como había tanta violencia en mi casa, yo le creí y tuve miedo que mi padre me golpeara, entonces no le dije nada a nadie. Al final ya no aguantaba mi "secreto" y le conté a una de las maestras de mi escuela lo que me pasó. Ella llamó a la policía para reportarlo, pero el muchacho se dio cuenta y se fue para México antes de que lo arrestara la policía. Nunca regresó ni volví a saber nada de él. Mis papás actuaron como si nada hubiera pasado y nunca quisieron hablar de lo que me ocurrió.

Mi papá continuaba golpeando a mi mamá. Un día la golpeó tanto que tuvimos que llamar a los paramédicos. Mi papá fue a dar a la cárcel y mi mamá al hospital. La agencia de servicios sociales nos asigno a mis hermanas y a mí a vivir con una familia temporalmente. Después de unas semanas, mi madre mejoró y nos fuimos a una casa de rescate. Allí nos ayudaron a recuperarnos. Parecía que la pesadilla había terminado. Sin embargo, al año, mi padre la buscó y le juró que había cambiado porque ahora iba a la iglesia. Mi madre le creyó y decidió volver con él, pues pensó que ahora sí iban a ser diferentes las cosas. Es cierto que mi papá ya no tomaba tanto, pero seguía igual de celoso, controlador y agresivo. Al poco tiempo, las cosas volvieron a ser igual que siempre.

A la edad de 15 años, comencé a alejarme de la casa más y más para retirarme de todos los problemas. Comencé a juntarme con los pandilleros de mi escuela. Comencé a tener relaciones sexuales con varios muchachos y usar drogas para olvidarme de todo. Al poco tiempo me di cuenta que tenía tres meses de embarazo y entonces me fui con el muchacho que yo pensé era el padre de mi hijo. Sólo sé que le decían "*Cisco*", pero nunca supe cual era su verdadero nombre. Yo tenía menos de cuatro meses de conocerlo. Él me decía que me quería, pero siempre andaba en la calle con los amigos y usando drogas. Cuando nació mi hijo, *Cisco* nunca se dio cuenta. No le importaba nada. Mi madre me rogó que regresara a la casa para ayudarme, y si regresé, pero allí todo seguía igual.

Durante ese tiempo, conocí a otro muchacho al cual le decían "Payaso". Él comenzó a regalarme drogas. Yo las necesitaba más que nunca porque estaba cansada de mi vida y quería escaparme de ella. Payaso me dijo que me aceptaba con mi hijo y que me fuera con él. A pesar de tener menos de dos semanas de conocerlo, le creí y me fui a vivir con el. Fue la oportunidad perfecta de salirme del infierno que era mi casa. Comencé a usar muchas drogas y alcohol. Al poco tiempo, salí embarazada otra vez y no sabía qué hacer. Yo quería mucho a mi hijo y por él varias veces intenté enderezar mi vida, pero todo me salía mal. No entendía por qué siempre volvía a las drogas.

Las cosas se pusieron peor cuando nació mi segundo hijo. Payaso ya no estaba conmigo porque le habían dado dos años de cárcel por venderle drogas a un policía. Mi bebé salió positivo en un examen de drogas que me hicieron en el hospital así que inmediatamente me lo quitaron. El Departamento de Servicios Sociales me investigó y me quitaron a mi otro hijo también. Allí comenzó mi lucha contra la corte para recuperar a mis hijos y a mí misma.

La corte me ordenó a asistir a clases de consejería. Después de un año de terapia, me di cuenta que todavía cargaba con muchos traumas de mi niñez. Comprendí que necesitaba ayuda profesional para entender y aceptar los problemas que vi entre mis papás y especialmente el abuso sexual que sufrí. Por fin entendí que nunca supe como tratar esos sentimientos. Mis papás nunca quisieron hablar sobre ese tema y tampoco quisieron ir a terapia para poder entenderme y ayudarme. Después de dos años, por fin tuve a mis hijos en casa otra vez. Sin embargo, hoy en día aún tengo que luchar mucho para combatir los problemas del pasado y salir de ese círculo vicioso en el que estuve toda mi vida.

Esta historia que acabamos de leer es parte de un tema que es urgente del que nosotros los padres de familia tenemos que enterarnos más. ¡Hay muchas historias iguales a la de Marta, y hasta peores! Trataré de explicarles lo necesario para que tengan mejores armas para poder defender a sus hijos.

Mi padre siempre me decía que hay gente para todo en este mundo. Hay gente que hace lo que uno ni se imagina, lo que uno considera lo peor del mundo. Me refiero al abuso de niños, abuso ya sea físico, mental, o sexual. ¡Todo abuso es horrible! ¿Por qué digo esto? ¡Porque los niños son las víctimas más inocentes del mundo! Los niños no tienen la capacidad mental para distinguir las cosas como un adulto. Tampoco tienen la capacidad física para defenderse si son atacados por alguien. Lo peor de todo es que no saben ni por qué les está pasando esto.

Como les mencioné al principio de este libro, la comunicación es crucial. Sin comunicación no se da uno

... con sus hijos. Por eso es que muchas ... últimos en darse cuenta de lo que ... . En muchos de estos casos, los niños ... mas a un maestro, a una amiga, o a ... za antes que a los padres. ¿Por qué? ... municación o de confianza. Como ... éñenles a sus hijos que les pueden ... n tener vergüenza y prométanles ... eer.

... deben asumir que sus hijos se ... os mismos o que siempre van a ... que éste ocurre. Hasta los niños ... de sí mismos son débiles ante un

HAY QUE RECORDAR LAS REALIDADES DE ESTE MUNDO EN QUE VIVIMOS.

¿Qué es el Abuso Sexual de Menores?

Se define como contactos e interacciones entre un niño y un adulto cuando el adulto (el agresor) usa al niño para estimularse sexualmente a sí mismo, al niño, o a otra persona. Esto incluye imponer material pornográfico a un menor de edad. El abuso sexual puede cometerse también por una persona menor de 18 años.

El Ofensor Sexual

El ofensor sexual es una persona interesada sexualmente en los niños menores de edad. Tiene una mentalidad que le anima, permite y apoya el contacto sexual con niños. Algunos no comprenden que el contacto sexual entre adultos y niños perjudica a los niños y que a los ofensores eso no les importa, con tal de satisfacer sus impulsos.

¿Qué Hacen Los Ofensores Para Acercarse a Sus Hijos?

Los ofensores sexuales necesitan ganarse la confianza de los padres para tener acceso al niño. Cuando el niño ve que los papás le tienen mucha confianza a esta persona, el también se la tiene. Los ofensores gastan mucho tiempo y energía para llegar a este punto. Esto se llama "La fase de preparación". Sí, están preparando todo para conseguir lo que buscan. Les cuesta mucho trabajo, pero lo hacen. Ya que tienen la confianza de todos comienzan a atacar. Atacan poco a poco, tocando aquí y tocando acá despacito para que no haya problemas ni rechazos. Esto confunde al niño, pues no está seguro si lo que siente es correcto.

Después el ofensor le pregunta al niño si puede guardar un SECRETO entre ellos. Muchas veces ofrecen dinero y regalos. Lo hacen para que continúe la confianza entre ellos dos y para quitarle de la mente los sentimientos negativos. Esto crea más confusión y sentimientos de culpabilidad en el niño. Cuando el abusador ve que el niño quiere decir algo porque no se siente bien, empiezan las amenazas.

Los Ofensores Sexuales Manipulan a Los Niños Diciéndoles

- Si dices algo, iré a la cárcel y va ser por tu culpa.
- Ya no te voy a querer si dices algo.
- Si le dices a tu mamá le va a doler mucho.
- Si dices algo, le diré a todos que estás mintiendo y nadie te va a creer.
- Si dices algo, te voy a lastimar a ti y a tu familia

Es común que una víctima de abuso sexual espere un tiempo antes de decirle a alguien. A veces esperan meses o hasta años. Por eso, siempre hay que decirles a los niños cosas como: *"En esta familia no guardamos secretos. Me puedes contar cualquier cosa y no me voy a enojar. Siempre te voy a escuchar y a creer".*

Algunas De Las Razones Por Las Cuales Las Víctimas No Reportan El Abuso

- Piensan que sus papas se van a enojar con ellos.
- Se sienten responsables por lo que pasó o lo que está pasando. Sienten que no es correcto, pero no saben qué hacer porque están confundidos.
- La víctima se niega a sí misma que alguien en quien confiaba le pudo hacer esto.
- Tienen miedo de que nadie les crea. Tienen miedo de perder el contacto con el abusador, quien en algún tiempo fue alguien importante en la vida familiar de este niño.
- Sienten culpabilidad y vergüenza y temen ser juzgados por lo que sucedió. Estos sentimientos son mayor si aceptaron regalos o dinero del abusador.

Nosotros, como adultos, muchas veces no podemos entender por qué los niños no dicen algo inmediatamente. La mente de los niños es tierna y no tiene la capacidad de hacer decisiones rápidas en situaciones difíciles. Por favor, acuérdense de que ellos no entienden lo que les está pasando. Un padre de familia tiene que estar al pendiente de sus hijos en todo momento. ¡Si los niños dicen que no quieren ir con tal persona, por favor no los obliguen, tal vez hay alguna razón! Observen e investiguen a qué se debe el cambio de los niños.

Me acuerdo de una víctima que me platicó que el esposo de su hermana siempre trataba de tocarla y llegó el día en que lo hizo a la fuerza. Ella sólo tenía 12 años de edad. No quiso decir nada porque era el esposo de su hermana y más que nada se sentía mal y apenada por ella. Al final, se armó de valor y les dijo a sus papás y a su hermana lo que le pasaba. Sin embargo, toda la familia se puso en contra de ella. La muchacha me contó que sintió que se quería morir porque nadie le quiso creer, ni siquiera su propia madre.

Señales De Abuso

- Una actitud retraída; ya no querer hablar ni ir con alguna persona con la que antes se llevaban bien.
- Quejas de dolor en sus partes privadas, comezón, y/o lesiones en la región genital.
- No querer ir a la escuela, hablar, o jugar.
- Dibujar cosas sexuales que no son apropiadas a su edad.
- Orinarse en la cama y/o tener pesadillas constantes.

Qué puede hacer usted si alguien abusó de su hijo:

- Evite reaccionar exageradamente delante del niño. Uno de los mayores miedos de los niños es causarle dolor y ponerlo en peligro. No diga cosas como, "Lo voy a matar".
- Cuando le hagan preguntas sobre lo que pasó, deje que el niño cuente la historia, *SIN que usted lo guíe o interrumpa*.
- Dígale a él o ella que *NO* es culpable por lo que le ocurrió.
- Dígale que hizo bien en contarle lo que pasó y que está orgulloso de el/ella por tener el valor de decirle.

- Ofrézcale protección y, si se deja, tómele la mano o déle un abrazo. Asegúrele que todo va estar bien.
- Llame a la policía lo más pronto posible.
- No prometa que no va a decir nada.

¡Haga lo correcto y llame a la Policía!

Mitos

- La mayoría de los ofensores sexuales son arrestados, convictos y condenados a prisión.

    FALSO—Solamente una fracción de los que cometen estos actos son arrestados y convictos por su crimen.

- Muchos de los ofensores NO conocen a sus víctimas.

    FALSO—Más del 90% de las víctimas conocen a su atacante. Padre, abuelo, padrastro, tío, primo, amigo de sus padres, etc.

- Muchos de los que abusan de los menores amenazaron a su víctima para conseguir lo que querían.

    FALSO—La mayoría de los ofensores solamente se aprovecharon de la confianza de su víctima.

- Muchos de los abusadores encuentran a sus víctimas en las escuelas y en los parques.

    FALSO—La mayoría de los ofensores y víctimas ya se conocen y tienen algún tipo de relación o amistad con la familia.

- Los ofensores son viejos, sucios, cochinos, y solteros que andan en la calle.

    FALSO—Los ofensores sexuales pueden ser cualquier persona. Guapo o feo. Rico o pobre. Muchos no tienen historial criminal.

Cuando Son Descubiertos, Los Ofensores Tratan De Justificarse Diciendo

- Está mintiendo, yo nunca haría algo así.
- Sólo estaba demostrándole mi cariño.
- Mi esposa está embarazada.
- A mi esposa no le gusta tener sexo.
- Fue culpa de la niña – ella me provocó.
- En mi tierra es aceptable.

El ofensor sabe muy bien lo que hace. Me acuerdo de un caso en el cual un señor conoció a una madre soltera con una hija de 12 años. Él le propuso a la señora vivir juntos y le dijo que no podía tener sexo porque él era impotente. La señora aceptó y se juntaron. Cuando la señora se iba a trabajar, dejaba a la hija sola con el señor. Él se aprovechaba de esto y se acostaba con la niña, además le mentía, diciéndole "Tu mamá dice que está bien si me acuesto contigo". Pasaron cuatro meses antes de que la niña dijera algo a su maestra. Cuando la mamá se dio cuenta y confrontó al novio, él se fue de la casa.

Verdades Duras

- 90% de los que cometen estos crímenes son personas que las víctimas conocen.
- No todos los que son convictos de un crimen sexual califican para registrarse en el Internet.
- De los casos que ocurren, solamente el 20% son reportados a las autoridades (80% de los casos no son reportados por el público).

¡Muchos más son los casos que no son reportados! Y ahí es donde esta el mayor problema. Si ustedes no reportan al abusador, el resultado es peor de lo que se imaginan. El ofensor seguirá haciendo lo mismo y destruyendo las vidas de otros niños. El que no lo reporta, está contribuyendo al problema.

Pregunta: ¿Qué pasa con los abusadores que no fueron convictos?

Respuesta: Andan sueltos en la calle.

Si ustedes revisan la pagina de Internet donde los ofensores convictos se inscriben y no ven a ninguno de ellos viviendo alrededor de su casa, no se confíen. Eso no quiere decir que no haya alguna de estas personas viviendo en su área. En mi experiencia, he visto muchísimos casos donde el ofensor no se registró con el Departamento de Libertad

Condicional (Probation) o con el Departamento de Policía y andan libres. Registrarse es la ley. Sin embargo, muchos de estos ofensores no lo hacen.

Algunos De Los Errores Que Cometen Los Padres

- PEREZA de cuidar a sus hijos—piensan que no pasa nada.
- Rechazan la idea de que hay adultos que abusan de niños.
- Creen en las excusas de los abusadores—que son expertos en mentir.
- Les ponen toda la responsabilidad a los hijos de cuidarse ellos mismos.
- No le ponen atención a lo que les dicen sus hijos—no los escuchan.
- Piensan que son buenos para detectar a las personas "raras" y que nunca se juntarán con personas que cometen este tipo de crímenes.
- No les enseñan a sus hijos a tener confianza en sí mismos y decir algo si una persona los hace sentir incómodos.
- No les explican a sus hijos lo que es una caricia buena y lo que es una mala.
- No les hablan de sexo a los hijos (a una edad apropiada).
- Permiten que sus hijas se vistan de forma provocativa a una edad muy temprana.

Excusas Por Las Cuales Algunos Padres Callan Cuando Descubren Que Sus Hijos Fueron Víctimas de Abuso

- No pueden/quieren aceptar que no protegieron a sus hijos del abusador y que no vieron las señales que sus hijos les dieron.
- No quieren perder a su pareja.
- No quieren ver a su pareja en la cárcel.
- No quieren pasar vergüenza.
- Se niegan a creer que algo pasó y se convencen a sí mismos de que nunca ocurrió.
- Esperan que el problema se solucione sólo y que desaparezca.
- Piensan que sólo pasó una vez y no volverá a ocurrir.
- Dudan que el niño/a diga la verdad.
- Tienen miedo de decir algo, pues dependen de esta persona para que los mantenga.
- Prefieren ignorar la situación a tener que enfrentarla.

Todas estas excusas son para el beneficio de los padres y NO de los hijos.

Lo Que Me Han Dicho Los Ofensores Sexuales

"Espero en el baño de la iglesia porque sé que los padres no acompañan a los hijos ya que piensan que es un lugar seguro".

"Me gusta esperar en el baño del cine porque yo sé que muchos padres son ignorantes y flojos. No acompañan a sus hijos al baño por estar viendo la película".

El Sexo Ilícito

Una de las ofensas más comunes es el sexo ilícito. Está prohibido a un adulto tener sexo con una persona menor de 18 años. Hay tantos casos donde un muchacho joven se va a la cárcel por tener sexo con su novia que tiene menos de 18 años. Por ejemplo, el tiene 23 y ella tiene 17 años. Yo sé que son jóvenes, pero aquí en los Estados Unidos esto ES ILEGAL. Por eso es importante educar a nuestros hijos jóvenes sobre el sexo y la ley.

Si una muchacha menor de edad se embaraza y va al hospital para tener al bebé y ahí se dan cuenta que el papá es mayor de edad, por ley lo tienen que reportar. Es muy posible que se hagan cargos criminales en contra el muchacho.

Muchos me dicen "En mi tierra es permitido". Así me lo dijo un señor de 30 años que tenia una novia de 15. Yo le contesté, "Tal vez en tu tierra está bien, pero no estamos allá, y aquí eso es contra la ley". Mi compañero de trabajo le preguntó: "Si usted tuviera una hija de 15 años, ¿no le molestaría que ella tuviera un novio de 30 años? El señor contestó, "Pues si la tratara bien, no me molestaría". Tuve que contenerme para no decirle que no se hiciera el ignorante, tratando de justificarse. Este hombre terminó en la cárcel.

El Peligro del Internet

Hay *miles de pervertidos* que están buscando a sus hijos e hijas en el Internet. Andan buscando a niños vulnerables. Saben perfectamente cómo hablar con ellos para ganarse su confianza. Por esta razón, la computadora de la familia debe de estar en un lugar donde todos puedan ver la pantalla. Así no habrá secretos de cuáles páginas del Web están viendo. La supervisión es la clave.

Prevención

- No hay prevención mejor que estar con sus hijos. Díganme, ¿quién los va cuidar mejor que ustedes?
- Ayuden a sus hijos a sentirse cómodos de hablares de cualquier cosa, en otras palabras, debe haber mucha comunicación.
- Explíquenles lo que es un buen toque y lo que no lo es. Por ejemplo, se puede tocar la mano o el brazo, pero no las partes "privadas."
- Enséñenles que si alguien, sea quien sea, los hace sentir incómodos, deben decírselo a ustedes.
- Díganles que si sienten que algo no está bien, es porque probablemente no lo está.
- ¡Díganles que si alguien los ataca, deben gritar, hacer mucho ruido y correr!
- Nunca dejen a sus hijos solos con alguien a quien ustedes no le tienen una confianza total.
- Si ustedes tienen un mal presentimiento de un adulto, sigan su intuición. No rechacen lo que sienten. Como les enseñamos a los niños, si sientes que algo no está bien….No está bien.
- Hablen con sus hijos sobre los peligros del Internet, pero continúen fijándose en lo que están viendo en la computadora.

El abuso de niños es el crimen menos reportado. Haga lo que es correcto… repórtelo.

Capítulo Cinco

Se Necesitan Dos

Padres Solteros

Una persona puede lograr cosas grandiosas cuando se decide. Puede criar hijos útiles y exitosos, aun sin tener esposo o esposa. Digo esto porque cuando alguien toma una decisión verdadera, lo hace aunque le cueste mucho.

No hay duda de que ser padre soltero, es uno de los trabajos más duros. Ya sea un padre soltero debido al divorcio o diste a luz fuera del matrimonio, cada familia de padres solteros, tiene sus propios desafíos.

Es igualmente difícil, ya seas el padre o madre divorciado que tenga o no la custodia.

Muchos padres que están separados o divorciados usan a los hijos para vengarse contra su ex. Por ejemplo, algunos no dejan que el padre o la madre los visite por coraje, capricho, o venganza.

Por el bien de sus hijos, los padres separados o divorciados, tienen que hacer sus sentimientos a un lado y ser más fuertes que sus problemas. Necesitan encontrar la manera de criar juntos a sus hijos—aunque vivan separados. Esto quiere decir que deben cooperar y apoyarse el uno al otro por el bienestar de los hijos.

No importa cuáles sentimientos tenga con respecto a su ex pareja. Enfoque su atención en sus hijos. Lo que pasó entre ustedes no es tan importante como el hecho de que sus hijos tengan a sus dos padres presentes en su vida.

Entiendo que en ciertos casos esto no es posible debido a que existen razones tales como la violencia, los conflictos graves o las conductas peligrosas. Pero si *no* existen, hay que tratar de hacer lo posible para que los hijos tengan la oportunidad de tener a los dos padres en su vida.

Existen padres que no visitan a sus hijos o que piensan que si los ven unos 10 minutos, ya cumplieron. También existen madres que dicen, "De acuerdo con lo que me pagues para el mantenimiento de tus hijos, determinará cuánto tiempo los ves". Ninguno de los dos padres se da cuenta de la gran responsabilidad que tiene en sus manos–¡Que equivocados están!

Imagínense cómo se siente un niño si su padre o su madre sólo lo visita de vez en cuando, o, peor todavía, no lo visita.

¿Abandonado? ¿No amado? ¿Sin valor?

Lo cierto es que si los padres no tienen un contacto positivo y regular con los hijos, lo niños corren el riesgo de echarse a perder. Uno tiene que demostrarles que son importantes para uno.

Los padres tienen que ayudarse el uno al otro a pasar tiempo con sus hijos. Cuando uno de los dos impide o hace difícil la visita del otro, al único que le está haciendo daño es a su hijo.

¿Cuál será el resultado?

- Será más difícil tanto para la mamá como para el papá ausente cooperar en el futuro de sus hijos.

- Los hijos pueden comenzar a verse a sí mismos simplemente como una fuente de ingresos para el padre o la madre.

- Sus hijos pueden dudar del amor de sus padres o creer que son ellos quienes tienen la culpa del conflicto en la familia.

- Los hijos pueden llegar a sentir que son un estorbo.

NOTA: Mantener una unión sólida debe de ser la meta de toda familia. Sin embargo, la realidad es que esto no siempre es posible. Por lo tanto, debo de mencionar que estamos hablando de dos personas con diferentes maneras de pensar y de vivir. Si uno de los dos no quiere cooperar con el otro, no se debe presionar, pues lo único que conseguirá es crear más problemas. Uno NO puede forzar a otra persona a seguir formando parte de la vida de sus hijos o a forzarla a pensar como usted.

Recuerde: "Nadie puede cambiar a nadie."

Lo que puede hacer usted: Haga lo mejor que pueda en su casa y concéntrese en lo que usted quiere para sus hijos durante el tiempo que ellos están con usted.

Después de un divorcio o separación, muchas personas desean un futuro mejor tanto para ellas mismas como para sus hijos. Esto es algo positivo, pero hay que tener cuidado, pues en la búsqueda de un mejor futuro algunas personas llegan a enfocarse demasiado en lo de ellas mismas y comienzan a desatender las necesidades de los hijos. Todo tiene su momento y adelantarse solo puede traer más problemas.

Es muy importante mantenerse enfocado en los hijos y en lo que es bueno para ellos. Digo esto porque hay gente que piensa en su orgullo o en lo que le conviene antes de pensar en el bienestar de sus hijos. Por ejemplo, hay personas que no pueden estar solas y en cuanto alguien les da un poco de atención la escogen como pareja. A pesar de saber que esa persona no les conviene, siguen con ella. Inventan excusas como: "Necesito a alguien que me ayude a pagar la renta o que me preste atención". Muchos se rinden y dicen, "Mi situación podría ser peor; con este me quedo". Es posible que con el tiempo estas personas se acostumbren a vivir mal, por las malas decisiones que hacen.

Este tipo de personas no piensa cómo esto puede afectar a sus hijos. ¡A veces las consecuencias son muy graves! Tal vez estos padres dicen "Sé que esta persona *no* es un buen ejemplo para mis hijos, pero yo lo quiero y lo necesito, además no quiero quedarme sola".

¡Al final, siempre son los hijos los que pagan a causa de las malas decisiones de los padres!

Errores Que Cometen Algunos Padres Divorciados/Separados

- Evitar la disciplina normal – la evitan porque les da pena que los hijos están sufriendo a causa del divorció o la separación.
- Cambiar toda la estructura y rutina en la vida de los hijos: En estos momentos, los hijos necesitan más estabilidad y apoyo que nunca.
- Olvidarse de sus hijos y asumir que todo está bien.
- No dejar a los hijos hablar abiertamente sobre sus sentimientos.
- Continuar peleando con su ex pareja en frente de los hijos.
- No buscar ayuda profesional para toda la familia.
- Usar a los hijos para comunicarse con su ex pareja.
- Decirle a un hijo adolescente o niño que "ahora el es hombre de la casa". Esto puede crear mucha presión y ansiedad en el menor y dejarlo en una posición para la cual él es demasiado inmaduro.
- Comenzar a salir con otra persona demasiado rápido sin dar tiempo a que la familia se haya normalizado.
- Introducir a los hijos a una nueva relación cuando todavía no se han recuperado de la separación de sus padres.

Todos cometemos errores, y muchas veces es por ignorancia. Es cierto que algunos de nuestros errores hacen más daño que otros, pero no hay que rendirnos, sino que hay que aprender de ellos y tratar de no repetirlos.

He escuchado a personas decir que ellos pueden sacar a sus hijos adelante solos y que no necesitan a nadie. Entiendo muy bien que sí se puede, pero déjenme hacerles una pregunta. ¿Puede un bombero enseñarle a alguien a ser un agente de policía? No, ¿verdad? Se necesita un agente de policía para enseñar. De la misma forma, se necesita un hombre para mostrarle a un hijo cómo ser hombre y una mujer para enseñarle a una hija como ser mujer.

Por eso...

Se necesitan dos.
Se necesita un padre y una madre.

NATIONAL DOMESTIC VIOLENCE HOTLINE
LÍNEA PARA REPORTAR LA VIOLENCIA DOMÉSTICA
1-800-799-7233
WWW.NDVH.ORG

NATIONAL CENTER FOR MISSING & EXPLOITED CHILDREN
CENTRO NACIONAL PARA LOS NIÑOS QUE SUFREN DE ABUSO
1-800-THE LOST (1-800-843-5678)
WWW.MISSINGKIDS.COM

PREVENCIÓN DEL ABUSO SEXUAL DE INFANCIA
WWW.GUIAINFANTIL.COM

INFORMACIÓN SOBRE LAS DROGAS Y CONSEJOS PARA LOS PADRES DE FAMILIA
WWW.LAANTIDROGA.COM

PARA MAS INFORMACIÓN LLAME O VISITE A SU DEPARTAMENTO DE POLICÍA O SERVICIO SOCIALES LOCAL.

NOTAS